[Wissen für die Praxis]

Weiterführend empfehlen wir:

Grundlagen der Eingruppierung TVöD und TV-L
ISBN 978-3-8029-1587-1

Eingruppierung TV-L in der Praxis
ISBN 978-3-8029-1583-3

Eingruppierung TVöD-Bund in der Praxis
ISBN 978-3-8029-1575-8

Das Stelleninterview zur Eingruppierung
ISBN 978-3-8029-1578-9

TVöD-Jahrbuch Kommunen 2017
ISBN 978-3-8029-7929-3

TVöD-Jahrbuch Bund 2017
ISBN 978-3-8029-7930-9

Das gesamte Eingruppierungsrecht
ISBN 978-3-8029-7999-6

Stellenbeschreibung für den öffentlichen und kirchlichen Dienst
ISBN 978-3-8029-1588-8

Der Eingruppierungsrechtsstreit im öffentlichen und kirchlichen Dienst
ISBN 978-3-8029-1568-0

E-Mail: WALHALLA@WALHALLA.de
http://www.WALHALLA.de

Walhalla Fachverlag · Haus an der Eisernen Brücke · 93042 Regensburg
Telefon 0941 5684-0 · Telefax 0941 5684-111

Gamisch · Mohr

Eingruppierung TVöD-VKA in der Praxis

Die neue Entgeltordnung
Einstieg in die neuen Eingruppierungsregeln

WALHALLA

Bibliografische Information der Deutschen Nationalbibliothek
Die Deutsche Nationalbibliothek verzeichnet diese Publikation in der Deutschen Nationalbibliografie; detaillierte bibliografische Daten sind im Internet über http://dnb.dnb.de abrufbar.

Zitiervorschlag:
Annett Gamisch, Thomas Mohr, Eingruppierung TVöD-VKA in der Praxis
Walhalla Fachverlag, Regensburg 2018

Hinweis: Unsere Werke sind stets bemüht, Sie nach bestem Wissen zu informieren. Alle Angaben in diesem Buch sind sorgfältig zusammengetragen und geprüft. Durch Neuerungen in der Gesetzgebung, Rechtsprechung sowie durch den Zeitablauf ergeben sich zwangsläufig Änderungen. Bitte haben Sie deshalb Verständnis dafür, dass wir für die Vollständigkeit und Richtigkeit des Inhalts keine Haftung übernehmen.
Bearbeitungsstand: Dezember 2017

Produktion: Walhalla Fachverlag, 93042 Regensburg
Printed in Germany
ISBN 978-3-8029-1585-7

Schnellübersicht

Abschluss der Tarifreform im öffentlichen Dienst

Zum 01.01.2017 sind die neuen Eingruppierungsregelungen des TVöD-VKA in Kraft getreten. Grundlegende Verfahrensfragen regeln die §§ 12, 13 TVöD-VKA. Deren Ausgestaltung durch die neue Entgeltordnung findet sich in Anlage 1. Damit ist nun auch für den kommunalen Bereich die Tarifreform abgeschlossen. Die Neuregelung der Eingruppierung im TVöD-VKA macht deutlich, was sich mit den neuen Entgeltordnungen im TV-L und TVöD-Bund schon angekündigt hat. Die Eingruppierungsbestimmungen im öffentlichen Dienst behalten einen gemeinsamen Kern, driften aber im Detail auseinander.

Betrachtet man die Neuregelungen für den TVöD-VKA im Vergleich zu denen im TV-L und TVöD-Bund, wird schnell klar, dass sich die Tarifvertragsparteien vor allem am TVöD-Bund orientiert und darüber hinaus eigene Regelungsakzente gesetzt haben. Am deutlichsten spürbar wird dies vor allem mit den neuen Entgeltgruppen 9a, 9b und 9c.

Prinzipiell wurde aber am alten Eingruppierungssystem des BAT angeknüpft.

Aus den Neuregelungen zur Eingruppierung wollen wir Ihnen mit diesem Praxis-Handbuch neben einem kurzen Überblick über die Grundregeln zur Eingruppierung (§§ 12, 13 TVöD-VKA) vor allem die Allgemeinen Tätigkeitsmerkmale der neuen Entgeltordnung vorstellen. Daher baut dieses Buch auch auf unserem Fachratgeber „Grundlagen der Eingruppierung TVöD und TV-L" auf, das die Grundregeln der tarifkonformen Eingruppierung ausführlicher darstellt. Als Tarifanwender können Sie dieses Handbuch aber auch unabhängig davon lesen und gewinnbringend nutzen.

Den Leserinnen und Lesern dieses Buchs wollen wir eine schnelle und zuverlässige Hilfe bieten. Ausschließlich im Interesse der Lesefreundlichkeit verwenden wir daher die männliche Sprachform.

Fulda

Annett Gamisch *Thomas Mohr*

Abkürzungen

a. A.	anderer Ansicht
a. a. O.	am angegebenen Ort
Abs.	Absatz
AG	Arbeitsgericht
AGG	Allgemeines Gleichbehandlungsgesetz
AP	Arbeitsrechtliche Praxis, Nachschlagewerk des Bundesarbeitsgerichts (Zeitschrift)
ArbG	Arbeitsgericht
ArbSchG	Arbeitsschutzgesetz
AuA	Arbeit und Arbeitsrecht (Zeitschrift)
AVR.Bayern	Arbeitsvertragsrichtlinien des Diakonischen Werkes Bayern
BAG	Bundesarbeitsgericht
BAT	Bundes-Angestelltentarifvertrag
BAT-B/L	Bundes-Angestelltentarifvertrag (Bund, Länder)
BayPersVG	Bayerisches Personalvertretungsgesetz
BBiG	Berufsbildungsgesetz
BetrVG	Betriebsverfassungsgesetz
BGB	Bürgerliches Gesetzbuch
BMT-G II	Bundesmanteltarifvertrag für Arbeiter gemeindlicher Verwaltungen und Betriebe
BPersVG	Bundespersonalvertretungsgesetz
BT-V	Besonderer Teil Verwaltung
BVerwG	Bundesverwaltungsgericht
bzgl.	bezüglich
bzw.	beziehungsweise
ca.	circa
DÖD	Der Öffentliche Dienst (Zeitschrift)
EG	Entgeltgruppe
etc.	et cetera
EzBAT	Entscheidungssammlung zum BAT
f./ff.	folgende
FG	Fallgruppe
GewO	Gewerbeordnung
ggf.	gegebenenfalls
Hess. VGH	Hessisches Verwaltungsgerichtshof
HRG	Hochschulrahmengesetz
HwO	Handwerksordnung
IMK	Innenministerkonferenz der Länder

i. V. m.	in Verbindung mit
KMK	Kulturministerkonferenz der Länder
KSchG	Kündigungsschutzgesetz
LAG	Landesarbeitsgericht
LAG BW	Landesarbeitsgericht Baden-Württemberg
LG	Lohngruppe
MTArb	Manteltarifvertrag für Arbeiterinnen und Arbeiter des Bundes und der Länder
m. w. N.	mit weiteren Nachweisen
Nds. LAG	Landesarbeitsgericht Niedersachsen
NPersVG	Niedersächsisches Personalvertretungsgesetz
Nr./Nrn.	Nummer/n
NZA	Neue Zeitschrift für Arbeitsrecht (Zeitschrift)
NZA-RR	Neue Zeitschrift für Arbeitsrecht – Rechtsprechungsreport (Zeitschrift)
ÖTV	Gewerkschaft öffentliche Dienste, Transport und Verkehr
o. g.	oben genannt
OVG	Oberverwaltungsgericht
PE	Protokollerklärung
PersR	Der Personalrat (Zeitschrift)
PersV	Die Personalvertretung (Zeitschrift)
RiA	Recht im Amt (Zeitschrift)
Rn.	Randnummer
S.	Seite
Sächs. LAG	Sächsisches Landesarbeitsgericht
SGB IV	Sozialgesetzbuch – Viertes Buch
SGB V	Sozialgesetzbuch – Fünftes Buch
s. o.	siehe oben
sog.	sogenannt
s. u.	siehe unten
TV EntgO Bund	Tarifvertrag über die Entgeltordnung des Bundes
TV-L	Tarifvertrag für den öffentlichen Dienst der Länder
TVöD	Tarifvertrag für den öffentlichen Dienst
TVöD-VKA	Tarifvertrag für den öffentlichen Dienst – Vereinigung der kommunalen Arbeitgeberverbände
TVÜ-Bund	Tarifvertrag zur Überleitung der Beschäftigten des Bundes in den TVöD und zur Regelung des Übergangsrechts

TVÜ-Länder	Tarifvertrag zur Überleitung der Beschäftigten der Länder in den TV-L und zur Regelung des Übergangsrechts
TVÜ-VKA	Tarifvertrag zur Überleitung der Beschäftigten der kommunalen Arbeitgeber in den TVöD und zur Regelung des Übergangsrechts
TV-V	Tarifvertrag für Versorgungsbetriebe
TzBfG	Teilzeit- und Befristungsgesetz
Unterabs.	Unterabsatz
u. E.	unseres Erachtens
VG	Vergütungsgruppe
VGH BW	Verwaltungsgerichtshof Baden-Württemberg
vgl.	vergleiche
VGO	Vergütungsordnung
z. B.	zum Beispiel
ZMV	Die Mitarbeitervertretung (Zeitschrift)
zit.	zitiert
ZPO	Zivilprozessordnung
ZTR	Zeitschrift für Tarifrecht (Zeitschrift)

Die Neuregelungen im Überblick

Nach langen Verhandlungen haben sich die Tarifvertragsparteien im Rahmen der Tarifrunde 2016 auf eine neue Entgeltordnung verständigt. Sie ist zum 01.01.2017 in Kraft getreten und löst die bisherigen Übergangsregelungen des § 17 TVÜ-VKA ab. 1

Die Grundregeln zur Eingruppierung finden sich in §§ 12, 13 TVöD-VKA. Sie entsprechen – redaktionell angepasst – den früheren Regelungen der §§ 22, 23 BAT. Dabei löst § 12 TVöD-VKA den § 22 BAT ab und regelt wichtige Verfahrensfragen.

Checkliste: (Alte) Neuregelungen in § 12 TVöD-VKA	
§ 22 BAT – Altregelung	**§ 12 TVöD-VKA – Neuregelung**
Tarifautomatik: Der Angestellte „ist" eingruppiert...	Tarifautomatik: Der Beschäftigte „ist" eingruppiert ...
... nach Maßgabe der aus-zu-üben-den Tätigkeit	
... die auf Dauer und nicht nur vorübergehend übertragen worden ist.	
Maßgeblich ist die gesamte Tätigkeit	
... gegliedert nach Arbeitsvorgängen ...	... auch für Arbeiter und die Entgeltgruppe 1
... und mit Zeitanteilen.	
Bestimmender Zeitanteil ist die Hälfte (= 50 Prozent) ...	
... sofern kein abweichender Zeitanteil in der Entgeltordnung bestimmt wird (1/3 usw.).	
Zusammenfassende Betrachtung	
Die Entgeltgruppe ist im Arbeitsvertrag (deklaratorisch) anzugeben.	
Faktisch kann ohne tarifkonforme Stellenbeschreibung nicht eingruppiert werden ...	... wobei der Tarifvertrag die Regelung der Stellenbeschreibung weiterhin unterlässt.

§ 12 TVöD-VKA klärt damit die Frage, wie eingruppiert wird. Wo eingruppiert wird, regelt die neue Entgeltordnung – gefasst als Anlage 1 zum TVöD-VKA.

1

Checkliste: (Alte) Neuregelungen in Anlage 1 – Entgeltordnung VKA	
Anlage 1a zu § 22 BAT – Altregelung	**Anlage 1 – Entgeltordnung VKA**
Die Vergütungsordnung als Anlage 1a und 1b zum BAT.	Die Entgeltordnung als Anlage 1 zum TVöD-VKA.
Die Anlage 1a mit allgemeinen und zusätzlichen (= speziellen) Tätigkeitsmerkmalen …	… jetzt strukturiert in einen Allgemeinen (Teil A) und einen Besonderen Teil (Teil B).
Die Anlage 1a gilt nicht für Arbeitertätigkeiten.	Für Arbeitertätigkeiten sind im TVöD-VKA nur allgemeine Tätigkeitsmerkmale als bundesweit geltende Regelung vereinbart worden (Teil A Abschnitt I. Ziffer 2.). Spezielle Tätigkeitsmerkmale sind auf Landesebene zu vereinbaren. Für NRW gelten besondere Regelungen (Anhang – Regelungskompetenzen – zur Anlage 1 zum TVöD-VKA).
Lehrer sind von den Eingruppierungsregeln ausgenommen, soweit nicht ausdrücklich ein besonderes Tätigkeitsmerkmal vereinbart ist (Vorbemerkung Nr. 5 zu allen Vergütungsgruppen der Anlage 1a zu § 22 BAT).	Keine Geltung für Lehrer, soweit nicht ausdrücklich ein besonderes Tätigkeitsmerkmal vereinbart ist (Vorbemerkung Nr. 8 der Anlage 1 zum TVöD-VKA).
Der Allgemeine Teil (Teil I) der Vergütungsordnung enthält nicht nur allgemeine Tätigkeitsmerkmale, sondern auch Beispiele für bestimmte Berufsgruppen (Archiv- und Bibliotheksdienst).	Der Allgemeine Teil (Teil A) der Entgeltordnung enthält nicht nur allgemeine Tätigkeitsmerkmale, sondern auch spezielle Tätigkeitsmerkmale für bestimmte Berufsgruppen (Bezügerechner, IT-Mitarbeiter, Ingenieure, Meister, Techniker …).
ggf. sind Unterstellungsverhältnisse eingruppierungsrelevant	ggf. sind Unterstellungsverhältnisse eingruppierungsrelevant

Für die Allgemeinen Tätigkeitsmerkmale gilt: Neue Allgemeine Tätigkeitsmerkmale finden sich vor allem in den Entgeltgruppen 2 bis 4 des Teils A Abschnitt I. der neuen Entgeltordnung. Die Entgeltgruppen 5 bis 7 weichen vom verwandten TV-L ab. Ansonsten wurde das Bestehende reformiert und der Ausbildungsbezug der Tätigkeitsmerkmale weiter gestärkt. Die befürchtete (oder erhoffte) Revolution blieb aus. Das spiegelt sich insbesondere in der faktischen Trennung der Belegschaft in „Angestellte" und „Arbeiter" wider. Für Letztere gilt in Bezug auf die allgemeinen Tätigkeitsmerkmale ab Entgeltgruppe 2 ausschließlich der Teil A Abschnitt I. Ziffer 2. der Anlage 1 – Entgeltordnung VKA mit eigenständigen Regelungen. Da für die Entgeltgruppe 1 gemäß Teil A Abschnitt I. Ziffer 1. eine eigene Struktureinheit gebildet wurde, gilt diese für beide Beschäftigtengruppen. Die strukturelle Trennung zwischen allgemeinen „Arbeiter"- und „Angestellten"-Tätigkeitsmerkmalen beginnt mit Entgeltgruppe 2.

Die Grundlagen der Eingruppierung

1. § 12 TVöD-VKA

Die Grundlage der Eingruppierung ist § 12 TVöD-VKA.

2

§ 12 TVöD-VKA

(1) Die Eingruppierung der/des Beschäftigten richtet sich nach den Tätigkeitsmerkmalen der Anlage 1 – Entgeltordnung (VKA). Die/Der Beschäftigte erhält Entgelt nach der Entgeltgruppe, in der sie/er **eingruppiert ist**.

(2) [1]Die/Der Beschäftigte ist in der Entgeltgruppe eingruppiert, deren Tätigkeitsmerkmalen die gesamte von ihr/ihm nicht nur vorübergehend **auszuübende Tätigkeit** entspricht. [2]Die gesamte auszuübende Tätigkeit entspricht den Tätigkeitsmerkmalen einer Entgeltgruppe, wenn **zeitlich mindestens zur Hälfte Arbeitsvorgänge** anfallen, die für sich genommen die Anforderungen eines Tätigkeitsmerkmals oder mehrerer Tätigkeitsmerkmale dieser Entgeltgruppe erfüllen. [3]Kann die Erfüllung einer Anforderung in der Regel erst bei der Betrachtung mehrerer Arbeitsvorgänge festgestellt werden (z. B. vielseitige Fachkenntnisse), sind diese Arbeitsvorgänge für die Feststellung, ob diese Anforderung erfüllt ist, insoweit **zusammen zu beurteilen**. [4]Werden in einem Tätigkeitsmerkmal mehrere Anforderungen gestellt, gilt das in Satz 2 bestimmte Maß, ebenfalls bezogen auf die gesamte auszuübende Tätigkeit, für jede Anforderung. [5]Ist in einem Tätigkeitsmerkmal ein von den Sätzen 2 bis 4 abweichendes zeitliches Maß bestimmt, gilt dieses. [6]Ist in einem Tätigkeitsmerkmal als Anforderung eine Voraussetzung in der Person der/des Beschäftigten bestimmt, muss auch diese Anforderung erfüllt sein.

Protokollerklärung zu Absatz 2:

[1]Arbeitsvorgänge sind Arbeitsleistungen (einschließlich Zusammenhangsarbeiten), die, bezogen auf den Aufgabenkreis der/des Beschäftigten, zu einem bei natürlicher Betrachtung abgrenzbaren Arbeitsergebnis führen (z. B. unterschriftsreife Bearbeitung eines Aktenvorgangs, eines Widerspruchs oder eines Antrags, Erstellung eines EKG, Fertigung einer Bauzeichnung, Konstruktion einer Brücke oder eines Brückenteils, Bearbeitung eines Antrags auf eine Sozialleistung, Betreuung einer Person oder Personengruppe, Durchführung einer Unterhaltungs- oder Instandsetzungsarbeit).

[2]Jeder einzelne Arbeitsvorgang ist als solcher zu bewerten und darf dabei hinsichtlich der Anforderungen zeitlich nicht aufgespalten werden.

[3]Eine Anforderung im Sinne der Sätze 2 und 3 ist auch das in einem Tätigkeitsmerkmal geforderte Herausheben der Tätigkeit aus einer niedrigeren Entgeltgruppe.

(3) Die Entgeltgruppe der/des Beschäftigten ist im Arbeitsvertrag anzugeben.

(Hervorhebungen durch die Verfasser)

§ 12 TVöD-VKA regelt generell, „wie" eingruppiert wird. „Wo" der Beschäftigte eingruppiert ist, folgt aus der Anlage 1 – Entgeltordnung (VKA).

2. Summarische/analytische Bewertung

Der TVöD-VKA sieht ein sogenanntes summarisches Bewertungsverfahren vor. Dabei erfolgt zunächst anhand vorgegebener Bewertungskriterien (Tätigkeitsmerkmale) eine qualitative Gesamteinschätzung der an den Arbeitnehmer gestellten Arbeitsanforderungen.

Bei den Tätigkeitsmerkmalen handelt es sich im Wesentlichen um die Merkmale

- Kenntnisse (Ausbildung),
- Fähigkeiten und
- Verantwortung.

Sie bestimmen den Schwierigkeitsgrad der Aufgabenstellung. Diese werden in einem weiteren Schritt quantifiziert, indem die unterschiedlichen Schwierigkeitsgrade der Arbeiten zueinander ins Verhältnis gesetzt und unterschiedlichen Entgeltgruppen zugeordnet (katalogisiert) werden.

Dieses Modell ist von der sogenannten analytischen Stellenbewertung abzugrenzen; beide Modelle dürfen nicht miteinander vermengt werden (so aber Fey, ZMV 1997, S. 226). Beim sogenannten analytischen Verfahren, das regelmäßig bei der Dienstpostenbewertung der Beamten eingesetzt wird, erfolgt keine qualitative Gesamteinschätzung der übertragenen Tätigkeit. Vielmehr werden die qualitativen Anforderungen an die Arbeit durch mehrere Einzelmerkmale in ihren (wesentlichen) Einzelheiten beschrieben. Der Schwierigkeitsgrad der zu erbringenden Arbeitsleistung wird aus einer qualitativen Analyse dieser arbeitsbestimmenden Einzelmerkmale (z. B. Können, Belastung, Verantwortung, Arbeitsbedingungen) ermittelt. Die Quantifizierung (Einstufung) richtet sich dann nach dem sogenannten Rangreihenverfahren oder dem Stufenwertzahlverfahren (einführend siehe Richter/Gamisch/Mohr, gEG, IV.B.2.1 und B.2.2; vertiefend Scholz, S. 736 ff.).

Das von der Gewerkschaft ver.di angedachte Mischmodell (vgl. Fieg/Rothländer, ZTR 2008, S. 410 ff.) hat sich nicht durchgesetzt.

Praxis-Tipp:

2 § 12 TVöD-VKA trifft wie § 22 BAT und § 12 TV-L/TVöD-Bund für die Eingruppierung eine bindende und abschließende Regelung, die sich als summarische Arbeitsbewertung darstellt. Das BAG hat entschieden, dass eine analytische Stellenbewertung, wie sie bei Beamten vorgenommen wird, im Geltungsbereich des BAT nicht anwendbar ist (vgl. BAG 15.02.1971, 4 AZR 147/70, AP Nr. 38 zu §§ 22, 23 BAT; BAG 14.08.1985, 4 AZR 21/84, AP Nr. 109 zu §§ 22, 23 BAT 1975).

Da § 12 TVöD-VKA die Bestimmungen des § 22 BAT im Wesentlichen fortführt, gilt dies somit auch für das neue Eingruppierungsrecht im TVöD-VKA.

3. Regelmäßig auszuübende Tätigkeit

Der Tarifvertrag stellt nach wie vor auf die regelmäßig aus-zu-übende Tätigkeit ab. Die aus-ge-übte Tätigkeit ist weiterhin ohne Bedeutung. Die Rechtslage gleicht dem TV-L und TVöD-Bund.

Die auszuübende Tätigkeit ist die vom Arbeitgeber übertragene Tätigkeit. Sie ergibt sich regelmäßig aus dem Arbeitsvertrag. Für die Eingruppierung sind somit allein die Tätigkeiten maßgeblich, die der Arbeitgeber auf Basis des Arbeitsvertrags übertragen und im Rahmen seines Direktionsrechts ggf. weiter konkretisiert hat (vgl. BAG 26.03.1997, 4 AZR 489/95, AP Nr. 223 zu §§ 22, 23 BAT 1975 m. w. N.).

Damit stellt sich die Frage, wer diese Arbeitgeberfunktion innehat. Das ist in der Regel die Personal- bzw. Organisationsabteilung als personalbewirtschaftende Stelle. Überträgt hingegen ein dazu nicht befugter Vorgesetzter einem Beschäftigten höherwertige Tätigkeiten, führt dies nicht zu einem tariflichen Anspruch auf höheres Entgelt, da die höherwertige Tätigkeit aufgrund der unsachgemäßen Übertragung nicht zur auszuübenden Tätigkeit geworden ist. Der automatische Anspruch auf ein tarifkonformes Entgelt setzt somit erst dann ein, wenn die entsprechenden Tätigkeiten durch das sachlich zuständige Organ der Dienststelle übertragen oder zumindest stillschweigend geduldet wurden (vgl. BAG 26.03.1997, 4 AZR 489/95, AP Nr. 223 zu §§ 22, 23 BAT 1975; BAG 05.05.1999, 4 AZR 360/98, AP Nr. 268 zu §§ 22, 23 BAT 1975).

Allerdings gilt es zu beachten, dass die neuere Rechtsprechung klarstellt, dass dem Arbeitnehmer ein Vertrauensschutz eingeräumt wird: Wird dem Arbeitnehmer von einem Vorgesetzten eine andere Tätigkeit zugewiesen, muss sich dieser darauf verlassen können, dass ihm vom Vorgesetzten nur Tätigkeiten zugewiesen werden, die die von ihm auszuübende Tätigkeit im Sinne des § 12 TVöD-VKA darstellt und tarifgerecht vergütet wird. Der Vertrauensschutz für den Arbeitnehmer besteht nur dann nicht, wenn die Unzuständigkeit des Vorgesetzten bekannt oder doch offensichtlich ist (vgl. LAG Köln 06.08.2014, 5 Sa 877/13, ZTR 2015, S. 21 f.; vgl. BAG 16.04.2015, 6 AZR 242/14, AP Nr. 2 zu § 14 TVöD, ZTR 2015, S. 439 ff.). 2

Folgende Aspekte sind für die Eingruppierung ohne Bedeutung:

Unerheblich für die Eingruppierung

- Stellenplan
- Stellenanzeigen und Ausschreibungstexte
- Angabe der Entgeltgruppe im Arbeitsvertrag
- Ausgewiesene Stellen im Haushalts- oder Stellenplan
- Beschlüsse politischer Gremien
- Bewertungen von Stellenbewertungskommissionen
- Einarbeitungszeit
- Eingruppierung vergleichbarer (früherer) Beschäftigter (Angestellte, Arbeiter, Beamte)
- Eingruppierungsrichtlinien einer Tarifvertragspartei
- Geschäftsverteilungspläne
- Qualität der geleisteten Arbeit
- Quantität der geleisteten Arbeit
- Schlüsselqualifikationen (z. B. Kontaktfähigkeit, Phantasie, Eigeninitiative, Verhandlungsgeschick)

(vgl. Richter/Gamisch/Mohr, Grundlagen, S. 23 f.; Richter/Gamisch/Mohr, gEG, IV.B.4.2)

4. Grundsatz der Tarifautomatik

Auch im TVöD-VKA gilt weiterhin der sogenannte Grundsatz der Tarifautomatik: Der Mitarbeiter „wird" nicht, vielmehr „ist" er in eine Entgeltgruppe eingruppiert (siehe § 12 Abs. 1 Satz 2 TVöD-VKA).

Es erfolgt somit kein „Eingruppierungsakt", sondern eine „automatische" Eingruppierung. Man spricht in diesem Zusammenhang von einem „Akt der Rechtsanwendung", mit dem die Äußerung
2 einer Rechtsansicht durch den Arbeitgeber verbunden ist (vgl. BAG 27.07.1993, 1 ABR 11/93, AP Nr. 110 zu § 99 BetrVG 1972; BAG 30.05.1990, 4 AZR 74/90, AP Nr. 31 zu § 75 BPersVG).

Nach diesem Modell kann es folglich keine falsche Eingruppierung geben, sie ist immer korrekt. Es ist eine andere Frage, ob der Arbeitgeber das tarifgerechte Ergebnis erkannt hat (vgl. Richter/Gamisch/Mohr, Grundlagen, S. 14 f.; Richter/Gamisch/Mohr, gEG, IV.B.4). Objektive Fehler bei der Eingruppierung können deshalb grundsätzlich mit einer sogenannten korrigierenden Herabgruppierung beseitigt werden (Richter/Gamisch/Mohr, gEG, IV.B.4.3, S. 1, IV.B.13.3).

§ 12 TVöD-VKA schreibt vor, dass im Rahmen der Tarifautomatik zur Bewertung der Tätigkeit Arbeitsvorgänge gebildet werden, denen Zeitanteile zuzuordnen sind. Grundlage für die Eingruppierung ist damit nach wie vor der Arbeitsvorgang. Die in § 12 TVöD-VKA vorgenommene Definition gleicht – von redaktionellen Änderungen abgesehen – den Vorschriften des § 22 BAT und des § 12 TV-L/TVöD-Bund. Dementsprechend behält auch die bisherige Rechtsprechung der Arbeitsgerichte ihre Bedeutung.

5. Arbeitsvorgang

Der Arbeitsvorgang als abstrakter Rechtsbegriff

Der Arbeitsvorgang ist im TVöD-VKA die für die Bewertung der Stelle und für die Eingruppierung des Mitarbeiters allein maßgebliche Bewertungseinheit. Dementsprechend muss dieser zutreffend gebildet und beschrieben werden, da der Arbeitsvorgang kein „unbestimmter Rechtsbegriff" ist. Im Gegenteil, das BAG hat ausgeführt:

BAG vom 31.07.2002

Der Begriff des „Arbeitsvorgangs" ist ein feststehender, abstrakter, von den Tarifvertragsparteien vorgegebener Rechtsbegriff. Die Anwendung eines derart bestimmten Rechtsbegriffs durch die Tatsachengerichte ist in vollem Umfang durch das Revisionsgericht nachprüfbar (...). Die Parteien

> können daher auch nicht unstreitig stellen, dass bestimmte Tätigkeiten einen Arbeitsvorgang im Rechtssinne bilden. (...) Die Bestimmung des Arbeitsvorgangs ist als Rechtsanwendung Sache der Gerichte (...).
>
> (BAG 31.07.2002, 4 AZR 129/01, AP Nr. 291 zu §§ 22, 23 BAT 1975)

Das heißt, dass die Gerichte – in letzter Instanz das BAG als Revisionsgericht – die Bildung der Arbeitsvorgänge überprüfen.

2

Praxis-Tipp:

Fehler bei der Bildung eines Arbeitsvorgangs durchziehen als Folgefehler das gesamte Bewertungsverfahren.

Deshalb muss bereits bei der Stellenbeschreibung großer Wert auf die korrekte Bildung und Beschreibung des Arbeitsvorgangs gelegt werden (siehe auch Richter/Gamisch/Mohr, Grundlagen, S. 31 ff.; Richter/Gamisch/Mohr, StB, S. 102 ff.).

Der Arbeitsvorgang als Ergebnis einer Organisationsentscheidung

Weil der Arbeitgeber kraft seiner Organisationsgewalt entscheidet, welcher Mitarbeiter welche Tätigkeiten wie ausübt, prägt er über die Bildung der Arbeitsvorgänge auch die tarifliche Wertigkeit der Stelle vor. Die organisatorische Vorgabe des Arbeitgebers zur Arbeitsausführung führt dann zur Anwendung der Tarifautomatik.

Praxis-Tipp:

Nicht erwünschte Eingruppierungsergebnisse dürfen nicht über eine fehlerhafte Anwendung des TVöD-VKA vermieden, sondern müssen vielmehr im Vorfeld durch die zielgerichtete Verteilung der Aufgaben aus qualitativer und quantitativer Sicht gesteuert werden.

Beispiel:

Es ist grundsätzlich unzulässig, während der Probezeit die tarifkonforme Eingruppierung abzusenken und eine Entgeltgruppe weniger zu zahlen. Damit dem Umstand Rechnung getragen wird, dass sich ein neuer Mitarbeiter ggf. erst in die Stelle

> und ihre Anforderungen hineinfinden muss, darf nicht die gesamte auszuübende Tätigkeit gemäß Stellenbeschreibung übertragen werden. Mittels eines Aktenvermerks wird vielmehr dokumentiert, warum (fehlende fachliche Qualifikationen, fehlendes Erfahrungswissen) welche Teile der auszuübenden Tätigkeit gemäß Stellenbeschreibung dem Beschäftigten noch nicht übertragen worden sind. So werden beispielsweise die Arbeitsvorgänge mit selbstständigen Leistungen unter fachlicher Anleitung und damit nach den Vorgaben zu Arbeitsweg und Arbeitsmethoden erledigt, so dass die Anforderungen an das Tätigkeitsmerkmal selbständige Leistungen (siehe Kapitel 6.7) noch nicht vollständig erfüllt werden.

Die Bildung des Arbeitsvorgangs

Die tarifliche Definition des Arbeitsvorgangs wurde schon vorgestellt. Das BAG konkretisiert den Begriff wie folgt:

BAG vom 25.08.2010

Unter einem Arbeitsvorgang ist nach ständiger Rechtsprechung eine unter Hinzurechnung der Zusammenhangstätigkeiten bei Berücksichtigung einer sinnvollen, vernünftigen Verwaltungsübung nach tatsächlichen Gesichtspunkten abgrenzbare und rechtlich selbständig zu bewertende Arbeitseinheit der zu einem bestimmten Arbeitsergebnis führenden Tätigkeit eines Angestellten zu verstehen. (...) Dabei kann auch die gesamte vertraglich geschuldete Tätigkeit einen einzigen Arbeitsvorgang ausmachen. Nur wenn es tatsächlich möglich ist, Tätigkeiten von unterschiedlicher Wertigkeit abzutrennen, werden diese nicht zu einem Arbeitsvorgang zusammengefasst.

(BAG 25.08.2010, 4 AZR 5/09, AP Nr. 315 zu §§ 22, 23 BAT 1975 m. w. N.)

Diese Ausführungen werden als unübersichtlich empfunden. Deshalb wird versucht, die Definition zu strukturieren, was aus didaktischen Gründen auch sinnvoll ist.

Gegliederte Definition des Arbeitsvorgangs		
PE zu § 12 Abs. 2 TVöD-VKA	**PE Nr. 1 zu § 22 Abs. 2 BAT**	**BAG**
Arbeitsvorgänge sind	Arbeitsvorgänge sind	Der Arbeitsvorgang ist
1.1 Arbcitsleistungen (einschließlich Zusammenhangsarbeiten)	2.1 Arbeitsleistungen (einschließlich Zusammenhangsarbeiten)	3.1 eine unter Hinzurechnung der Zusammenhangstätigkeiten
1.2 die, bezogen auf den Aufgabenkreis der/des Beschäftigten,	2.2 die, bezogen auf den Aufgabenkreis des Angestellten,	3.2 und bei Berücksichtigung einer sinnvollen, vernünftigen Verwaltungsübung
1.3 zu einem bei natürlicher Betrachtung	2.3 zu einem bei natürlicher Betrachtung	3.3 nach tatsächlichen Gesichtspunkten abgrenzbare und
		3.4 rechtlich selbständig bewertbare Arbeitseinheit
1.4 abgrenzbaren Arbeitsergebnis führen.	2.4 abgrenzbaren Arbeitsergebnis führen.	3.5 der zu einem bestimmten Arbeitsergebnis führenden Tätigkeit eines Angestellten.

2

Arbeitsleistung (1.1/2.1) ist jede zur Erfüllung der Arbeitspflicht verrichtete Aktivität eines Beschäftigten. Die Arbeitsleistung umfasst somit die gesamte auszuübende Tätigkeit (Aufgabenkreis gemäß 1.2/2.2). Diese ist nach den Kriterien Zusammenhangstätigkeiten (1.1/2.1/3.1) und Arbeitsergebnis (1.4/2.4/3.5) in Arbeitseinheiten (3.4) zu gliedern:

Der Arbeitsschritt ist dabei die kleinste, nicht mehr sinnvoll aufspaltbare Arbeitsleistung des Beschäftigten. Die Reihenfolge der Arbeitsschritte wird als Arbeitsablauf bezeichnet. Zu diesem Arbeitsablauf zählen auch Zusammenhangstätigkeiten (1.1/2.1/3.1). Das sind solche Tätigkeiten, die einen engen inneren sachlichen Zusammenhang mit anderen, insbesondere tariflich höherwertigen Aufgaben des Beschäftigten aufweisen. Bei der Bildung des Arbeitsvorgangs dürfen diese Zusammenhangsarbeiten zwecks Vermeidung tarifwidriger Atomisierung nicht abgetrennt werden. Sie sind vielmehr dem

Arbeitsvorgang als Bewertungseinheit hinzuzurechnen (vgl. BAG 26.07.1995, 4 AZR 280/94, AP Nr. 203 zu §§ 22, 23 BAT 1975 m. w. N.).

Klassische Zusammenhangsarbeiten sind zum Beispiel:

2

- Besprechungen und Telefongespräche, die mit der Bearbeitung des Aktenvorgangs zusammenhängen
- Fertigen und Lesen von Statistiken, wenn diese die Grundlage für die Hauptarbeit sind
- Führen eines Dienstwagens durch einen Verwaltungsmitarbeiter
- Lesen von Akten, um ein medizinisches oder juristisches Gutachten zu fertigen
- Publikumsverkehr
- Schriftverkehr, der mit der Bearbeitung des Aktenvorgangs anfällt
- Studium von Gesetzen, sonstigen Rechtsvorschriften und gerichtlichen Entscheidungen

(BAG 26.07.1995, 4 AZR 280/94, AP Nr. 203 zu §§ 22, 23 BAT 1975; BAG 17.01.1996, 4 AZR 662/94, AP Nr. 4 zu §§ 22, 23 BAT Sparkassenangestellte; BAG 19.05.1982, 4 AZR 762/79, AP Nr. 61 zu §§ 22, 23 BAT 1975; BAG 29.08.1991, 4 AZR 593/88)

Zu einer nach dem BAG rechtlich selbständig bewertbaren Arbeitseinheit (3.4) werden demnach alle Arbeitsleistungen zusammengefasst, die zu einem verwertbaren (Zwischen-)Ergebnis führen (1.4/2.4/3.5). Diese Arbeitseinheit ist dann der Arbeitsvorgang. Bei der Bildung des Arbeitsvorgangs kommt es damit entscheidend auf das bei „natürlicher Betrachtungsweise" (1.3/2.3/3.3) abgrenzbare Arbeitsergebnis (1.4/2.4/3.5) an (BAG 25.02.2009, 4 AZR 20/08, AP Nr. 310; BAG 25.08.2010, 4 AZR 5/09, AP Nr. 315, beide zu §§ 22, 23 BAT 1975).

Es muss eine „wirklichkeitsfremde Zersplitterung eines einheitlichen Arbeitsergebnisses" (BAG 31.07.2002, 4 AZR 129/01, AP Nr. 291 zu §§ 22, 23 BAT 1975) verhindert werden. Dabei ist es unerheblich, dass es theoretisch verwaltungstechnisch möglich wäre, die Arbeit durch organisatorische Maßnahmen anders zu verteilen und die Bearbeitung auf verschiedene Bearbeiter zu übertragen (BAG 23.02.2005, 4 AZR 191/04; BAG 09.07.1997, 4 AZR 177/96; zit. nach Hofmann/Reidelbach, A 320 XVII.; BAG 14.03.2001, 4 AZR 172/00,

EzBAT §§ 22, 23 BAT A. Allgemein Nr. 80). Maßgeblich ist somit die vom Arbeitgeber vorgegebene tatsächliche Organisation.

Die Arbeitseinheiten müssen zu einem unter tatsächlichen Gesichtspunkten abgrenzbaren Arbeitsergebnis führen, welches rechtlich selbständig bewertbar (3.4) ist.

Maßgeblich ist der konkret zu bewertende Aufgabenbereich. Eine „einheitliche Aufgabenstellung" (z. B. Controlling) darf nicht mit dem Begriff des Arbeitsvorgangs verwechselt werden. In diesem Fall würde eine unzulässige Pauschalierung vorgenommen, die die Gefahr einer zu hohen Eingruppierung mit sich bringt. 2

LAG Hamm vom 20.11.1992

Was dabei ein abschließendes selbständiges Arbeitsergebnis ist, richtet sich nach dem jeweiligen Arbeitsergebnis des Angestellten (bzw. Beschäftigten; die Verfasser). Für die Bestimmung des Arbeitsergebnisses sind Geschäftsverteilung, Behördenanschauung, gesetzliche Bestimmungen, Verwaltungsvorschriften und die behördliche Übung zu berücksichtigen.

(LAG Hamm 20.11.1992, 18 Sa 424/92, zit. nach BeckRS 2002, 31012027)

Praxis-Tipp:

Tatsächlich trennbare Tätigkeiten mit einer unterschiedlichen Wertigkeit dürfen nicht zu einem Arbeitsvorgang zusammengefasst werden (vgl. BAG 19.05.2010, 4 AZR 912/08, AP Nr. 314 zu §§ 22, 23 BAT 1975 m. w. N.).

Zusammenfassend kann man den Arbeitsvorgang mit einer (verkürzten) Arbeitsdefinition beschreiben als Arbeitsleistung,

- die zu einem bestimmten Ziel führt,
- das nach natürlicher Betrachtung von anderen Tätigkeiten tatsächlich abgrenzbar und
- tarifrechtlich selbständig bewertbar ist.

Die Anzahl der Arbeitsvorgänge

Die Anzahl der Arbeitsvorgänge ist für die Eingruppierung zunächst ohne Bedeutung. So ist es möglich, dass nur ein Arbeitsvorgang vorliegt. Das ist der Fall, wenn der Aufgabenkreis nicht weiter aufteilbar und einer rechtlichen Bewertung zugänglich ist (vgl. z. B.

BAG 15.09.2004, 4 AZR 396/03, AP Nr. 298 zu §§ 22, 23 BAT 1975; BAG 24.09.1997, 4 AZR 431/96, AP Nr. 226 zu §§ 22, 23 BAT 1975 m. w. N.). Mit dieser Feststellung ist noch nicht gesagt, zu welchem Eingruppierungsergebnis dies führt.

Von nur einem großen Arbeitsvorgang kann grundsätzlich ausgegangen werden, wenn eine der drei Kategorien vorliegt:

1. Leitung
2. Funktionsmerkmal
3. Tätigkeiten mit Funktionscharakter

Diese bilden nach ständiger Rechtsprechung regelmäßig einen einheitlichen Arbeitsvorgang (vgl. Richter/Gamisch/Mohr, Grundlagen, S. 44 ff.).

Kategorien

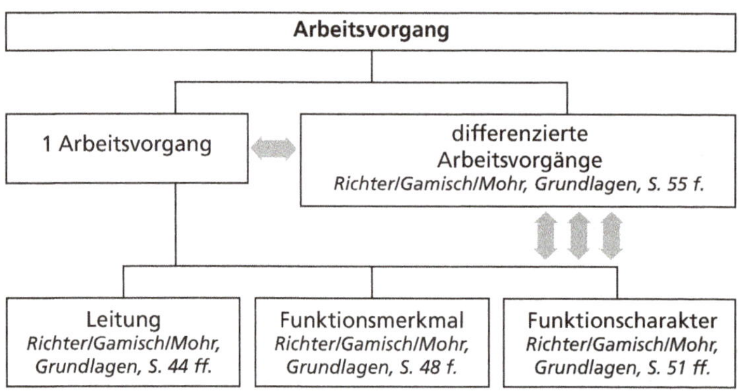

6. Zeitanteile: Die 50-Prozent-Grenze

Der maßgebliche Zeitanteil bleibt bei 50 Prozent, sofern in Anlage 1 – Entgeltordnung (VKA) nicht ausdrücklich ein anderer Zeitanteil bestimmt wird.

Zeitanteile sind eine wesentliche Voraussetzung, um Stellen unter Anwendung der Anlage 1 – Entgeltordnung (VKA) bewerten zu können (siehe auch Richter/Gamisch, RiA 2008, S. 241 ff.). Sie spiegeln die Verteilung des zeitlichen Aufwands auf die einzelnen

Arbeitsvorgänge wider. Ihre Ermittlung ist demnach erst zweckmäßig, wenn Arbeitsvorgänge und Arbeitsschritte feststehen.

Trotz dieser elementaren Bedeutung haben sich die Gerichte und die Literatur zum Eingruppierungsrecht nur am Rande mit der Frage der Ermittlung von Zeitanteilen auseinandergesetzt und diese Grundsätze formuliert: Der zeitliche Aufwand muss für jeden Arbeitsvorgang gesondert festgestellt werden. Adäquat sind Methoden, die im Rahmen von Organisationsuntersuchungen zur Ermittlung des Personalbedarfs zum Einsatz kommen. Dazu zählen beispielsweise: 2

- qualifizierte Schätzung
- Selbstaufschreibung/Arbeitstagebuch
- Multimomentaufnahme
- Laufzettelverfahren

(so z. B. BAG 18.05.1994, 4 AZR 449/93, AP Nr. 5 zu §§ 22, 23 BAT Datenverarbeitung; vertiefend siehe Richter/Gamisch/Mohr, Grundlagen, S. 65 ff.)

7. Zusammenfassende Betrachtung

Der TVöD-VKA fordert – wie schon der BAT – eine zusammenfassende Betrachtung.

§ 12 Abs. 2 Satz 3 TVöD-VKA

Kann die Erfüllung einer Anforderung in der Regel erst bei der Betrachtung mehrerer Arbeitsvorgänge festgestellt werden (z. B. vielseitige Fachkenntnisse), sind diese Arbeitsvorgänge für die Feststellung, ob diese Anforderung erfüllt ist, insoweit zusammen zu beurteilen.

BAG vom 12.12.2012

Mit dieser Tarifnorm wird sichergestellt, dass einem Angestellten [neu: Beschäftigten] des öffentlichen Dienstes auch diejenige Qualifizierung seiner Tätigkeit zugutekommt, die sich daraus ergibt, dass nebeneinander mehrere Tätigkeiten ausgeübt werden, aus deren Summierung sich erst die Erfüllung bestimmter tariflicher Merkmale ergibt.

(BAG 12.12.2012, 4 AZR 199/11, AP Nr. 325 zu §§ 22, 23 BAT 1975 m. w. N.)

Diese ergänzende Form der Bewertung sichert Arbeitnehmern somit eine höhere Eingruppierung, wenn sie nebeneinander Aufgaben unterschiedlicher Art ausüben und dafür jeweils andersartige Kenntnisse und Erfahrungen einsetzen müssen.

Dazu stellt die neueste Rechtsprechung klar, dass die zusammenfassende Betrachtung generell angewendet werden kann, wenn das einschlägige Tätigkeitsmerkmal qualitative oder quantitative Tatbestandsmerkmale enthält. Danach ist zum Beispiel nicht ausgeschlossen, die Erfüllung des Tätigkeitsmerkmals „Leitung einer größeren Organisationseinheit" (TV-Ärzte Hessen) aufgrund einer zusammenfassenden Betrachtung der Leitung von zwei Stationen anzunehmen (BAG 16.05.2012, 4 AZR 300/10, AP Nr. 67 zu § 1 TVG Tarifverträge: Arzt; Eingruppierung eines Oberarztes nach TV-Ärzte Hessen). Ob ein solcher Fall vorliegt, ist einzelfallbezogen zu prüfen und zu begründen (BAG 12.12.2012, 4 AZR 199/11, AP Nr. 325 zu §§ 22, 23 BAT 1975; zu den Einzelheiten siehe auch Richter/Gamisch/Mohr, Grundlagen, S. 75 ff.; Richter/Gamisch/Mohr, gEG, IV.B.10).

Praxis-Tipp:

Der TVöD-VKA fordert mit dem Arbeitsvorgang und der zusammenfassenden Betrachtung komplexe Abwägungen zur auszuübenden Tätigkeit. Daraus wird deutlich, dass auf Stellenbeschreibungen schon aus tarifrechtlichen Gründen nicht verzichtet werden kann. Regelmäßig verkennen Kritiker von Stellenbeschreibungen diese rechtliche Ausgangssituation (zur Stellenbeschreibung siehe Richter/Gamisch/Mohr, StB; zu den personalwirtschaftlichen Vorteilen siehe Richter/Gamisch, DÖD 2012, S. 1 ff.).

8. Eingruppierung in besonderen Fällen

Von den Regelungen des § 12 TVöD-VKA sind die Bestimmungen des § 13 TVöD-VKA abzugrenzen:

§ 13 TVöD-VKA – Eingruppierung in besonderen Fällen

(1) [1]Ist der/dem Beschäftigten eine andere, höherwertige Tätigkeit nicht übertragen worden, hat sich aber die ihr/ihm übertragene Tätigkeit (§ 12 [VKA] Abs. 2 Satz 1) nicht nur vorübergehend derart geändert, dass sie den Tätigkeitsmerkmalen einer höheren als ihrer/seiner bisherigen Entgeltgruppe entspricht (§ 12 [VKA] Abs. 2 Sätze 2 bis 6), und hat die/der Beschäftigte die höherwertige Tätigkeit ununterbrochen sechs Monate lang ausgeübt, ist sie/er mit Beginn des darauffolgenden Kalendermonats

in der höheren Entgeltgruppe eingruppiert. [2]Für die zurückliegenden sechs Kalendermonate gilt § 14 Abs. 1 sinngemäß.

(2) [1]Ist die Zeit der Ausübung der höherwertigen Tätigkeit durch Urlaub, Arbeitsbefreiung, Arbeitsunfähigkeit, Kur- oder Heilverfahren oder Vorbereitung auf eine Fachprüfung für die Dauer von insgesamt nicht mehr als sechs Wochen unterbrochen worden, wird die Unterbrechungszeit in die Frist von sechs Monaten eingerechnet. [2]Bei einer längeren Unterbrechung oder bei einer Unterbrechung aus anderen Gründen beginnt die Frist nach der Beendigung der Unterbrechung von neuem.

(3) Wird der/dem Beschäftigten vor Ablauf der sechs Monate wieder eine Tätigkeit zugewiesen, die den Tätigkeitsmerkmalen ihrer/seiner bisherigen Entgeltgruppe entspricht, gilt § 14 Abs. 1 sinngemäß.

Inhaltliche Änderungen gegenüber § 23 BAT hat es nicht gegeben. Nach wie vor deckt diese Regelung die dynamische Entwicklung der beruflichen Anforderungen ab: § 13 TVöD-VKA regelt den Fall, dass der Arbeitgeber keine anderen Tätigkeiten überträgt, das heißt nicht aktiv in die auszuübende Tätigkeit an sich eingreift. Vielmehr erhöhen sich bei gleichbleibender Aufgabenstellung die fachlichen Anforderungen: Der Beschäftigte muss – um nach wie vor die gestellten Aufgaben lösen zu können – mehr Wissen und Können einsetzen. Es ändert sich somit nicht der Arbeitsauftrag (auszuübende Tätigkeit), sondern die dabei zu beachtenden Rahmenbedingungen. Dies kann sowohl die rechtlichen als auch die fachlichen Grundlagen der Arbeit betreffen (z. B. neue bzw. geänderte Gesetze, technische Neuerungen).

Die höhere Eingruppierung kann dann nach Ablauf von sechs Monaten vollzogen werden. Für die ersten sechs Monate erhält der Beschäftigte eine Zulage gemäß § 14 TVöD-VKA.

9. Die Umgruppierung und Übertragung höherwertiger Tätigkeiten

Ändert sich die Eingruppierung des Mitarbeiters, wird dies regelmäßig als Umgruppierung bezeichnet. Eine Umgruppierung liegt vor, wenn ein Wechsel der Entgeltgruppe nach oben (Höhergruppierung) oder nach unten (Herabgruppierung/Rückgruppierung) erfolgt, oder bei geänderten Tätigkeitsmerkmalen (Fallgruppenwechsel) weiterhin das gleiche Arbeitsentgelt erzielt wird (vgl. BAG 06.08.2002, 1 ABR 49/01, AP Nr. 27 zu § 99 BetrVG 1972). Entscheidend für das Vorliegen einer Umgruppierung ist, dass die Tätigkeit des Arbeitnehmers nicht bzw. nicht mehr den Tätigkeitsmerkmalen der Entgeltgruppe und Fallgruppe entspricht, in die er bisher eingruppiert ist (vgl. BAG 23.09.2003, 1 ABR 35/02, AP Nr. 29 zu § 99 BetrVG 1972 m. w. N.).

Die Höhergruppierung ist die Einreihung des Beschäftigten in eine höhere Entgeltgruppe. Dafür kann es unterschiedliche Gründe geben:

- Übertragung einer anderen, höherwertigen auszuübenden Tätigkeit durch den Arbeitgeber
- Korrektur einer zu niedrigen Eingruppierung (sog. korrigierende Höhergruppierung)

Für die Höhergruppierung gilt das oben zum Grundsatz der Tarifautomatik Gesagte (siehe Kapitel 2.4). Mit der Höhergruppierung erfolgt kein Gestaltungsakt, sondern lediglich ein „Akt der Rechtsanwendung".

Für die Herabgruppierung existieren zwei Gründe:

- Übertragung einer anderen, niederwertigen Tätigkeit durch den Arbeitgeber
- Korrektur einer zu hohen Eingruppierung (sog. korrigierende Herabgruppierung)

Niederwertige Tätigkeiten dürfen dem Beschäftigten grundsätzlich nicht im Rahmen des Direktionsrechts dauerhaft übertragen (angewiesen) werden. Deren dauerhafte Übertragung kann deshalb nur über eine einvernehmliche Vertragsänderung oder eine Änderungskündigung erfolgen. Bei der Änderungskündigung ist der Änderungskündigungsschutz des § 2 KSchG zu beachten.

Korrigierende Herabgruppierungen erfolgen demgegenüber grundsätzlich über das Direktionsrecht gemäß § 106 GewO. Nur in Ausnahmefällen ist eine Änderungskündigung erforderlich. Voraussetzung ist aber, dass der Arbeitgeber einen Irrtum (objektiven Anwendungsfehler) bei der Anwendung der Eingruppierungsvorschriften des TVöD-VKA und/oder der Anlage 1 – Entgeltordnung (VKA) darlegen und beweisen kann. Es gelten die Grundsätze, die die Rechtsprechung zum BAT entwickelt hat (zu den Einzelheiten siehe auch Richter/Gamisch/Mohr, gEG, IV.B.13.3).

Der Einstieg in die Entgeltordnung

1. Die Auslegung der Entgeltordnung

Rechtsnormen können nicht derart präzise formuliert werden, dass jeder denkbare Streitfall erfasst wird. Sie müssen aus drei Gründen ausgelegt werden:

1. Begriffe und Zeichen sind stets auslegungs- und interpretationsbedürftig.
2. Normen- bzw. Zielkonflikte können nicht ausgeschlossen werden.
3. Rechtslücken sind unvermeidbar.

Die Vorgehensweise zur Auslegung von Rechtsnormen ist nicht gesetzlich geregelt. Vielmehr ist die Methode der Rechtswissenschaft und Rechtsprechung überlassen. Das (Tarif-)Recht wird erst durch seine Anwendung auf den Einzelfall konkretisiert. Die Rechtsanwendung, auch die des Tarifvertrags, darf sich nicht im rechtsfreien Raum bewegen, sondern muss einer Methode folgen.

Der juristische Entscheidungsprozess erfolgt in zwei Schritten:

1. Es wird versucht, das Problem mithilfe des Gesetzes bzw. Tarifvertrags zu lösen (sog. interne Begründung).

Sofern mit ausfüllungsbedürftigen Begriffen gearbeitet werden muss, wird

2. nach der Funktion der Vorschrift, mit anderen Worten nach dem Sinn und Zweck gefragt (sog. externe Begründung).

Die Juristen „subsumieren“ unter gesetzliche bzw. tarifvertragliche Vorschriften.

Beispiel:

T = Gesetzestatbestand
R = Rechtsfolge
S = Sachverhalt

Obersatz (Prämisse)	Für T gilt R
Untersatz	S ist T
Schlussfolgerung (Konklusion)	Für S gilt R

(vgl. Larenz, S. 271 f.)

Das BAG hat festgestellt, dass Tarifverträge wie Gesetze ausgelegt werden:

BAG vom 21.05.2003

Die Auslegung des normativen Teils eines Tarifvertrages ... **folgt** nach ständiger Rechtsprechung **den für die Auslegung von Gesetzen geltenden Regeln**. Danach ist zunächst vom **Tarifwortlaut** auszugehen, wobei der maßgebliche Sinn der Erklärung zu erforschen ist, ohne am Buchstaben zu haften. Bei nicht eindeutigem Tarifwortlaut ist der **wirkliche Wille** der Tarifvertragsparteien **zu berücksichtigen**, soweit er in den tariflichen Normen seinen **Niederschlag gefunden** hat. Abzustellen ist stets auf den **tariflichen Gesamtzusammenhang**, weil dieser Anhaltspunkte für den wirklichen Willen der Tarifvertragsparteien liefert und nur so **Sinn und Zweck** der Tarifnorm zutreffend ermittelt werden können. Lässt dieser zweifelsfreie Auslegungsergebnisse nicht zu, können die Gerichte für Arbeitssachen ohne Bindung an eine Reihenfolge weitere Kriterien wie die **Entstehungsgeschichte** des Tarifvertrages, ggf. auch die **praktische Tarifübung** ergänzend hinzuziehen. Auch die **Praktikabilität** denkbarer Auslegungsergebnisse ist zu berücksichtigen; im Zweifel gebührt derjenigen Tarifauslegung der Vorrang, die zu einer vernünftigen, sachgerechten, zweckorientierten und praktisch brauchbaren Regelung führt.

(BAG 21.05.2003, 4 AZR 420/02, AP Nr. 37 zu § 611 BGB Kirchendienst; mit Hinweis auf BAG 09.08.2000, 4 AZR 466/99, AP Nr. 21 zu § 1 TVG Tarifverträge: Holz; BAG 05.10.1999, 4 AZR 578/98, AP Nr. 15 zu § 4 TVG Verdienstsicherung; *Hervorhebungen durch die Verfasser*)

BAG vom 08.03.2006

... Ist ein im Tarifvertrag gebrauchter Begriff weder **gesetzlich definiert**, noch nach der **Anschauung der beteiligten Fachkreise** oder dem **allgemeinen Sprachgebrauch** eindeutig, erhalten systematische Auslegungskriterien entscheidendes Gewicht. ...

(BAG 08.03.2006, 10 AZR 129/05, AP Nr. 3 zu § 1 TVG Tarifverträge: Telekom; *Hervorhebungen durch die Verfasser*)

Demzufolge wird der Tarifvertrag in folgenden Schritten ausgelegt:

Checkliste: Auslegung

1. Auslegung des Wortlauts (sog. grammatikalische Auslegung) Definition/Bedeutung

- im Tarifvertrag
- im Gesetz
- der verständigen Fachkreise
- im allgemeinen Sprachgebrauch

2. Auslegung unter Berücksichtigung der Stellung der Tarifnorm im Gesamtgefüge des Tarifvertrags (sog. systematische Auslegung)
3. Auslegung nach Sinn und Zweck (sog. teleologische Auslegung)

↕

→ Auslegung nach der Tarifgeschichte (sog. historische Auslegung)
→ Praktische Tarifübung
→ Praktikabilität

3

Der tarifliche Gesamtzusammenhang erschließt sich nur, wenn alle maßgeblichen Tarifnormen berücksichtigt werden:

Der tarifrechtliche Gesamtzusammenhang

- TVöD-VKA
  - Mantelregelungen (§§ 12, 13, 14 TVöD-VKA)
- Anlage 1 – Entgeltordnung (VKA)
  - Grundsätzliche Eingruppierungsregelungen (Vorbemerkungen)
  - Tätigkeitsmerkmale
  - Klammersätze
  - Protokollerkärungen

2. Alte und neue Rechtsprechung

Da die neuen Eingruppierungsregeln grundsätzlich am BAT(-VKA) bzw. BMT-G/-O anknüpfen, kann auf die bisherige Rechtsprechung der Arbeitsgerichte zurückgegriffen werden, was zu einem hohen Maß an Rechtssicherheit führt. Entscheidungen zum neuen Eingruppierungsrecht des TV-L (siehe Richter/Gamisch/Mohr, EG TV-L) bzw. TVöD-Bund (Richter/Gamisch, EG TVöD-Bund) können herangezogen werden, wenn die tariflichen Regelungen vergleichbar sind.

Praxis-Tipp:
Im Detail bestehen zwischen dem TVöD-VKA, TVöD-Bund und dem TV-L jedoch erhebliche Unterschiede.

3. Die Struktur der neuen Entgeltordnung

Die Entgeltordnung gliedert sich in

- die grundsätzlichen Eingruppierungsregelungen (Vorbemerkungen),
- den Teil A (Allgemeiner Teil) bestehend aus Abschnitt I. (Allgemeine Tätigkeitsmerkmale) und Abschnitt II. (Spezielle Tätigkeitsmerkmale) sowie
- den Teil B (Besonderer Teil).

Im Anhang befinden sich Regelungskompetenzen zur Vereinbarung weiterer bzw. neuer Tätigkeitsmerkmale.

4. Die grundsätzlichen Eingruppierungsregelungen (Vorbemerkungen)

Wie bereits der BAT-VKA mit seinen Bemerkungen zu allen Vergütungsgruppen, regelt auch der TVöD-VKA mit seinen Vorbemerkungen, wie die Teile der Entgeltordnung anzuwenden sind und welche allgemeinen, die einzelnen Teile der Entgeltordnung übergreifenden Vorschriften anzuwenden sind.

Neu ist, dass an dieser Stelle das sonst in § 25 und Anlage 3 zum BAT-VKA geregelte Prüfungserfordernis – in modernisierter Form – aufgenommen wurde (siehe Vorbemerkung Nr. 7).

Grundsätzliche Eingruppierungsregeln (Vorbemerkungen)

1. **Vorrang spezieller Tätigkeitsmerkmale**

[1]Für Beschäftigte, deren Tätigkeit in einem speziellen Tätigkeitsmerkmal aufgeführt ist, gelten die allgemeinen Tätigkeitsmerkmale (Teil A Abschnitt I) weder in der Entgeltgruppe, in der sie aufgeführt sind, noch in einer höheren Entgeltgruppe.

[2]Die Allgemeinen Tätigkeitsmerkmale der Entgeltgruppen 2 bis 12 für Beschäftigte im Büro-, Buchhalterei-, sonstigen Innendienst und Außendienst (Teil A Abschnitt I Ziffer 3) gelten, sofern die auszuübende Tätigkeit einen unmittelbaren Bezug zu den eigentlichen Aufgaben der betreffenden Verwaltungsdienststellen, -behörden oder -institutionen hat.

[3]Für Beschäftigte mit handwerklichen Tätigkeiten, deren Tätigkeit nicht in einem speziellen Tätigkeitsmerkmal aufgeführt ist, gelten die allgemeinen Tätigkeitsmerkmale für Beschäftigte mit handwerklichen Tätigkeiten (Teil A Abschnitt I Ziffer 2); die allgemeinen Tätigkeitsmerkmale für Beschäftigte im Büro-, Buchhalterei-, sonstigen Innendienst und Außendienst (Teil A Abschnitt I Ziffer 3) gelten nicht.

[4]Für Beschäftigte mit abgeschlossener wissenschaftlicher Hochschulbildung und entsprechender Tätigkeit sowie für sonstige Beschäftigte, die aufgrund gleichwertiger Fähigkeiten und ihrer Erfahrungen entsprechende Tätigkeiten ausüben, gelten die allgemeinen Tätigkeitsmerkmale der Entgeltgruppen 13 bis 15 (Teil A Abschnitt I Ziffer 4), es sei denn, dass ihre Tätigkeit in einem speziellen Tätigkeitsmerkmal aufgeführt ist.

[5]Wird ein Arbeitsvorgang von einem speziellen Tätigkeitsmerkmal erfasst, findet dieses auch dann Anwendung, wenn die/der Beschäftigte außerhalb des Geltungsbereichs des Besonderen Teils bzw. der Besonderen Teile des TVöD beschäftigt ist, zu dem bzw. denen dieses Tätigkeitsmerkmal vereinbart ist.

Protokollerklärung zu Nr. 1 Satz 2:

Die allgemeinen Tätigkeitsmerkmale für Beschäftigte im Büro-, Buchhalterei-, sonstigen Innendienst und im Außendienst (Teil A Abschnitt I Ziffer 3) besitzen eine Auffangfunktion in dem gleichen Umfang wie – bestätigt durch die bisherige ständige Rechtsprechung des BAG – die bisherigen ersten Fallgruppen des Allgemeinen Teils der Anlage 1a zum BAT.

Protokollerklärung zu Nr. 1 Satz 3:

Spezielle Tätigkeitsmerkmale im Sinne des Satzes 3 sind auch die als Beispiele bezeichneten Tätigkeitsmerkmale in den mit einem Mitgliedverband der VKA abgeschlossenen Tarifverträgen.

2. **Tätigkeitsmerkmale mit Anforderungen in der Person**

[1]Ist in einem Tätigkeitsmerkmal eine Vorbildung oder Ausbildung als Anforderung bestimmt, sind Beschäftigte, die die geforderte Vorbildung oder Ausbildung nicht besitzen,

- wenn nicht auch „sonstige Beschäftigte" von diesem Tätigkeitsmerkmal erfasst werden oder
- wenn auch „sonstige Beschäftigte" von diesem Tätigkeitsmerkmal erfasst werden, diese Beschäftigten jedoch nicht die Voraussetzungen des „sonstigen Beschäftigten" erfüllen,

bei Erfüllung der sonstigen Anforderungen dieses Tätigkeitsmerkmals in der nächst niedrigeren Entgeltgruppe eingruppiert. [2]Satz 1 gilt entsprechend für Tätigkeitsmerkmale, die bei Erfüllung qualifizierter Anforderungen eine höhere Eingruppierung vorsehen. [3]Satz 1 gilt nicht, wenn die Entgeltordnung für diesen Fall ein Tätigkeitsmerkmal (z. B. „in der Tätigkeit von ...") enthält.

3. **Wissenschaftliche Hochschulbildung**

[1]Eine abgeschlossene wissenschaftliche Hochschulbildung liegt vor, wenn das Studium

a) an einer Universität, Technischen Hochschule, Pädagogischen Hochschule, Kunsthochschule oder einer anderen nach Landesrecht anerkannten Hochschule (außer Fachhochschulen) mit einer ersten Staatsprüfung, mit einer Magisterprüfung oder mit einer Diplomprüfung beendet worden ist

   oder

b) mit einer Masterprüfung beendet worden ist.

[2]Diesen Prüfungen steht eine Promotion oder die Akademische Abschlussprüfung (Magisterprüfung) einer Philosophischen Fakultät nur in den Fällen gleich, in denen die Ablegung einer ersten Staatsprüfung, einer Masterprüfung oder einer Diplomprüfung nach den einschlägigen Ausbildungsvorschriften nicht vorgesehen ist. [3]Eine abgeschlossene wissenschaftliche Hochschulbildung im Sinne des Satzes 1 Buchst. a setzt voraus, dass die Abschlussprüfung in einem Studiengang abgelegt wird, der seinerseits mindestens das Zeugnis der Hochschulreife (allgemeine Hochschulreife oder einschlägige fachgebundene Hochschulreife) oder eine andere landesrechtliche Hochschulzugangsberechtigung als Zugangsvoraussetzung erfordert, und für den Abschluss eine Regelstudienzeit von mindestens acht Semestern – ohne etwaige Praxissemester, Prüfungssemester o. Ä. – vorschreibt. [4]Ein Bachelorstudiengang erfüllt diese Voraussetzung auch dann nicht, wenn mehr als sechs Semester für den Abschluss vorgeschrieben sind. [5]Der Masterstudiengang muss nach den Regelungen des Akkreditierungsrats akkreditiert sein. [6]Ein Abschluss an einer ausländischen Hochschule gilt als abgeschlossene wissenschaftliche Hochschulbildung, wenn er von der zuständigen staatlichen Anerkennungsstelle als dem deutschen Hochschulabschluss gleichwertig anerkannt wurde.

4. **Hochschulbildung**

[1]Eine abgeschlossene Hochschulbildung liegt vor, wenn von einer Hochschule im Sinne des § 1 HRG ein Diplomgrad mit dem Zusatz „Fachhochschule" („FH"), ein anderer nach § 18 HRG gleichwertiger Abschlussgrad oder ein Bachelorgrad verliehen wurde. [2]Die Abschlussprüfung muss in einem Studiengang abgelegt worden sein, der seinerseits mindestens das Zeugnis der Hochschulreife (allgemeine Hochschulreife oder einschlägige fachgebundene Hochschulreife) oder eine andere landesrechtliche Hochschulzugangsberechtigung als Zugangsvoraussetzung erfordert, und für den Abschluss eine Regelstudienzeit von mindestens sechs Semestern – ohne etwaige Praxissemester, Prüfungssemester o. Ä. – vorschreibt. [3]Der Bachelorstudiengang muss nach den Regelungen des Akkreditierungsrats akkreditiert sein. [4]Dem gleichgestellt sind Abschlüsse in akkreditierten Bachelorausbildungsgängen an Berufsakademien. [5]Nr. 3 Satz 6 gilt entsprechend.

5. **Anerkannte Ausbildungsberufe**

[1]Anerkannte Ausbildungsberufe sind nur solche, die auf der Grundlage des Berufsbildungsgesetzes bzw. der Handwerksordnung geregelt sind.

[2]Soweit in Tarifverträgen auf Landesebene bzw. im Tarifvertrag zu § 20 Abs. 1 BMT-G-O (Lohngruppenverzeichnis) Beschäftigte mit handwerklichen Tätigkeiten und verwaltungs- oder betriebseigener Prüfung Beschäftigten mit erfolgreich abgeschlossener Ausbildung gleichgestellt sind, bleiben diese Regelungen unberührt.

[3]Die im Bereich der jeweiligen kommunalen Arbeitgeberverbände bestehenden Richtlinien finden weiterhin Anwendung.

[4]In Tätigkeitsmerkmalen genannte Ausbildungsberufe umfassen auch die entsprechenden früheren Ausbildungsberufe vor Inkrafttreten der Anlage 1 – Entgeltordnung (VKA).

6. **Übergangsregelungen zu in der DDR erworbenen Abschlüssen**

(1) [1]Aufgrund des Artikels 37 des Einigungsvertrages und der Vorschriften hierzu als gleichwertig festgestellte Abschlüsse, Prüfungen und Befähigungsnachweise stehen ab dem Zeitpunkt ihres Erwerbs den in den Tätigkeitsmerkmalen geforderten entsprechenden Anforderungen gleich. [2]Ist die Gleichwertigkeit erst nach Erfüllung zusätzlicher Erfordernisse festgestellt worden, gilt die Gleichstellung ab der Feststellung.

(2) Facharbeiterinnen und Facharbeiter mit einem im Beitrittsgebiet erworbenen Facharbeiterzeugnis, das nach Artikel 37 des Einigungsvertrages und der Vorschriften hierzu dem Prüfungszeugnis in einem anerkannten Ausbildungsberuf mit einer Ausbildungsdauer von mindestens drei Jahren bzw. mit einer kürzeren Ausbildungsdauer gleichgestellt ist, werden bei entsprechender Tätigkeit wie Beschäftigte mit erfolgreich abgeschlossener Ausbildung in einem solchen Ausbildungsberuf eingruppiert.

7. **Ausbildungs- und Prüfungspflicht**

(1) Im Bereich der kommunalen Arbeitgeberverbände Baden-Württemberg, Bayern, Berlin, Niedersachsen, Nordrhein-Westfalen, Rheinland-Pfalz, Saar und Schleswig-Holstein sind Beschäftigte im Büro-, Buchhalterei-, sonstigen Innendienst und im Außendienst (Teil A Abschnitt I Ziffer 3) sowie im Kassen- und Rechnungswesen (Teil B Abschnitt XIII), die nicht die Anforderungen der Entgeltgruppe 5 Fallgruppe 1 bzw. der Entgeltgruppe 9b Fallgruppe 1 erfüllen, nur dann in den in Absatz 2 genannten Entgeltgruppen eingruppiert, wenn sie die der jeweiligen Entgeltgruppe entsprechende Tätigkeit auszuüben haben und nach Maßgabe des Absatzes 2 mit Erfolg an einem Lehrgang mit abschließender Prüfung teilgenommen haben.

3

Protokollerklärung zu Absatz 1:

Die Tarifverträge auf der Landesebene im Bereich des Kommunalen Arbeitgeberverbands Nordrhein-Westfalen und des Kommunalen Arbeitgeberverbands Rheinland-Pfalz bleiben bestehen.

(2) [1]Für die Eingruppierung in eine der Entgeltgruppen 5 bis 9a ist eine Erste Prüfung abzulegen. [2]Für die Eingruppierung in eine der Entgeltgruppen 9b bis 12 ist eine Zweite Prüfung abzulegen. [3]Satz 1 und 2 gelten nur für auf der Fallgruppe 2 der Entgeltgruppen 5 bzw. 9b aufbauende Eingruppierungen.

Protokollerklärung zu den Absätzen 1 und 2:

[1]Die Lehrgänge und Prüfungen werden bei den durch die Länder oder durch die kommunalen Spitzenverbände anerkannten Verwaltungsschulen oder Studieninstitute durchgeführt. [2]Hierzu rechnen auch solche Lehrgänge und Prüfungen, die nicht für Beamtinnen/Beamte (Beamtenanwärter/innen) und Beschäftigte gemeinsam, sondern als Sonderlehrgänge für Beschäftigte durchgeführt werden.

(3) [1]Hat eine Beschäftigte/ein Beschäftigter die für ihre/seine Eingruppierung nach den Absätzen 1 und 2 vorgeschriebene Prüfung nicht abgelegt, ist ihr/ihm alsbald die Möglichkeit zu geben, Ausbildung und Prüfung nachzuholen. [2]Besteht hierzu aus Gründen, die die/der Beschäftigte nicht zu vertreten hat, keine Möglichkeit oder befindet sich die/der Beschäftigte in der Ausbildung, erhält sie/er mit Wirkung vom Ersten des vierten Monats nach Beginn der maßgebenden Beschäftigung eine persönliche Zulage. [3]Die Zulage wird in Höhe des Unterschiedes zwischen dem Entgelt, das sie/er jeweils erhalten würde, wenn sie/er zu diesem Zeitpunkt in der ihrer/seiner Tätigkeit entsprechenden Entgeltgruppe eingruppiert wäre, und dem jeweiligen Entgelt ihrer/seiner bisherigen Entgeltgruppe gewährt. [4]Sonstige Ansprüche aus dem Arbeitsverhältnis, die von der Entgeltgruppe abhängen, richten sich während der Zeit, für die die Zulage zu zahlen ist, nach der Tätigkeit der/des Beschäftigten entsprechenden Entgeltgruppe.

Protokollerklärung zu Absatz 3:

[1]Der Arbeitgeber darf die Entsendung der/des Beschäftigten zu einem Lehrgang nicht von Vorbildungsvoraussetzungen abhängig machen. [2]Macht die Schule oder das Institut die Zulassung zum Lehrgang von solchen Voraussetzungen abhängig, hat die/der Beschäftigte dies nicht zu vertreten.

(4) [1]Die Zulage entfällt vom Ersten des folgenden Monats an, wenn die/der Beschäftigte entweder

a) die Prüfung auch im Wiederholungsfalle nicht bestanden hat oder

b) nicht an der ihrer/seiner Tätigkeit entsprechenden Ausbildung und Prüfung teilnimmt, nachdem ihr/ihm die Möglichkeit hierzu geboten worden ist.

[2]Sie entfällt ferner, wenn die/der Beschäftigte nach bestandener Prüfung in der ihrer/seiner Tätigkeit entsprechenden Entgeltgruppe eingruppiert ist. [3]In diesem Falle erhält die/der Beschäftigte das Entgelt, das sie/er erhalten hätte, wenn sie/er in dem in Absatz 3 Satz 2 genannten Zeitpunkt in der höheren Entgeltgruppe eingruppiert wäre.

(5) Von der Ausbildungs- und Prüfungspflicht sind Beschäftigte befreit

a) mit einer mindestens zwanzigjährigen Berufserfahrung bei einem Arbeitgeber, der vom Geltungsbereich des TVöD oder eines vergleichbaren Tarifvertrags erfasst wird, oder bei einem anderen öffentlich-rechtlichen Arbeitgeber,

b) deren Arbeitsvertrag befristet oder mit einer auflösenden Bedingung versehen ist,

c) die in einem Spezialgebiet besonders herausragende Fachkenntnisse aufweisen und in diesem Spezialgebiet beschäftigt werden,

d) die in Krankenhäusern, Pflege- und Betreuungseinrichtungen, Versorgungs-, Nahverkehrs- oder Hafenbetrieben tätig sind.

Protokollerklärung zu Absatz 5 Buchst. b:

Wird der Arbeitsvertrag in ein Beschäftigungsverhältnis auf unbestimmte Zeit umgewandelt, gelten die Bestimmungen dieser Vorbemerkung.

(6) Von der Verpflichtung zur Ausbildung und Prüfung kann insoweit abgesehen werden, als die/der Beschäftigte außerhalb des kommunalen Bereiches eine oder mehrere Prüfungen abgelegt hat, die den Prüfungen nach Absatz 2 gleichwertig sind.

(7) Die Absätze 1 bis 6 gelten im Bereich der Sparkassen mit folgenden Maßgaben entsprechend:

a) Absatz 2 Satz 3 gilt in folgender Fassung:

„[3]Satz 1 und 2 gelten nur für nicht auf der Fallgruppe 1 der Entgeltgruppen 5 bzw. 9b aufbauende Eingruppierungen."

b) Die Abschlussprüfung für den Beruf der Bankkauffrau/des Bankkaufmanns oder eine entsprechende Prüfung an einer Sparkassenschule, die als Zulassungsvoraussetzung für den Besuch des Sparkassenfachlehrgangs anerkannt ist, gelten als Erste Prüfung.

8. **Geltungsausschluss für Lehrkräfte**

Die Entgeltordnung gilt nicht für Beschäftigte, die als Lehrkräfte – auch wenn sie nicht unter Abschnitt VIII Sonderregelungen (VKA) § 51 BT-V fallen – beschäftigt sind, soweit nicht ein besonderes Tätigkeitsmerkmal vereinbart ist.

9. **Unterstellungsverhältnisse**

[1]Soweit die Eingruppierung von der Zahl der unterstellten oder in der Regel unterstellten Beschäftigten abhängig ist, rechnen hierzu auch Beamtinnen und Beamte der vergleichbaren Besoldungsgruppen. [2]Für diesen Zweck ist vergleichbar: 3

der Entgeltgruppe	die Besoldungsgruppe
2	A 2
3	A 3
4	A 4
5	A 5
6	A 6
7	A 7
8	A 8
9a, 9b, 9c	A 9
10	A 10
11	A 11
12	A 12
13	A 13
14	A 14
15	A 15

[3]Bei der Zahl der unterstellten oder in der Regel unterstellten bzw. beaufsichtigten oder der in dem betreffenden Bereich beschäftigten Personen zählen Teilzeitbeschäftigte entsprechend dem Verhältnis der mit ihnen im Arbeitsvertrag vereinbarten Arbeitszeit zur regelmäßigen Arbeitszeit einer/eines Vollzeitbeschäftigten. [4]Für die Eingruppierung ist es unschädlich, wenn im Organisations- und Stellenplan zur Besetzung ausgewiesene Stellen nicht besetzt sind.

10. **Ständige Vertreterinnen und Vertreter**

Ständige Vertreterinnen und Vertreter sind nicht die Vertreterinnen und Vertreter in Urlaubs- und sonstigen Abwesenheitsfällen.

5. Die Struktur des Teils A der Entgeltordnung

Der Teil A (Allgemeiner Teil) der Entgeltordnung gliedert sich in die Allgemeinen Tätigkeitsmerkmale (Abschnitt I.) und Spezielle Tätigkeitsmerkmale (Abschnitt II.).

Abschnitt I. Allgemeine Tätigkeitsmerkmale

Ziffer 1.	Allgemeine Tätigkeitsmerkmale – Entgeltgruppe 1 (einfachste Tätigkeiten)
Ziffer 2.	Allgemeine Tätigkeitsmerkmale – Entgeltgruppen 2 bis 9a (handwerkliche Tätigkeiten)
Ziffer 3.	Allgemeine Tätigkeitsmerkmale – Entgeltgruppen 2 bis 12 (Büro-, Buchhalterei-, sonstiger Innendienst und Außendienst)
Ziffer 4.	Allgemeine Tätigkeitsmerkmale – Entgeltgruppen 13 bis 15

Abschnitt II. Spezielle Tätigkeitsmerkmale

Ziffer 1.	Bezügerechnerinnen und Bezügerechner
Ziffer 2.	Beschäftigte in der Informations- und Kommunikationstechnik
Ziffer 3.	Ingenieurinnen und Ingenieure
Ziffer 4.	Meisterinnen und Meister
Ziffer 5.	Technikerinnen und Techniker
Ziffer 6.	Vorlesekräfte für Blinde

Dem Teil A Abschnitt I. Ziffer 3. kommt dabei eine Auffangfunktion zu: Kann die Tätigkeit des Beschäftigten nicht den speziellen Tätigkeitsmerkmalen des Abschnitts II. oder dem Teil B zugeordnet werden und handelt es sich nicht um eine körperlich/handwerklich geprägte Tätigkeit, liegt grundsätzlich eine Eingruppierung nach Teil A Abschnitt I. Ziffer 3. vor.

§

Protokollerklärung zu Vorbemerkung Nr. 1 Satz 2

Die allgemeinen Tätigkeitsmerkmale für Beschäftigte im Büro-, Buchhalterei-, sonstigen Innendienst und im Außendienst (Teil A Abschnitt I. Ziffer 3.) besitzen eine Auffangfunktion in dem gleichen Umfang wie – bestätigt durch die bisherige ständige Rechtsprechung des BAG – die bisherigen ersten Fallgruppen des Allgemeinen Teils der Anlage 1a zum BAT.

Nur in Ausnahmefällen ist von einer Tariflücke auszugehen (zu den Einzelheiten siehe z. B. BAG 18.03.2015, 4 AZR 702/12, ZTR 2015, S. 393 ff. – Beispiel für die Geltung der Allgemeinen Tätigkeitsmerkmale für die Tätigkeit eines Gewässerwarts; BAG 18.11.2015, 4 ABR 24/14, AP Nr. 27 zu § 1 TVG Tarifverträge: DRK).

Die speziellen Tätigkeitsmerkmale gemäß Abschnitt II. sehen für die einzelnen Berufsgruppen folgende Eingruppierungsmöglichkeiten vor:

Ziffer 1.	Bezügerechnerinnen und Bezügerechner (Entgeltgruppen 5 bis 9b)
Ziffer 2.	Beschäftigte in der Informations- und Kommunikationstechnik (Entgeltgruppen 6 bis 13)
Ziffer 3.	Ingenieurinnen und Ingenieure (Entgeltgruppen 10 bis 13)
Ziffer 4.	Meisterinnen und Meister (Entgeltgruppen 8 bis 9c)
Ziffer 5.	Technikerinnen und Techniker (Entgeltgruppen 8 bis 9b)
Ziffer 6.	Vorlesekräfte für Blinde (Entgeltgruppen 5 bis 6)

3

6. Die Struktur des Teils B der Entgeltordnung

Die römische Nummerierung kennzeichnet die Abschnitte, die arabische Nummerierung die Ziffern.

I. Apothekerinnen und Apotheker

II. Ärztinnen und Ärzte sowie Zahnärztinnen und Zahnärzte

1. Ärztinnen und Ärzte sowie Zahnärztinnen und Zahnärzte
2. Ärztinnen und Ärzte sowie Zahnärztinnen und Zahnärzte im Geltungsbereich des Besonderen Teils Krankenhäuser (BT-K)

III. Beschäftigte in Bäderbetrieben

IV. Baustellenaufseherinnen und Baustellenaufseher

V. Beschäftigte in Bibliotheken, Büchereien, Archiven, Museen und anderen wissenschaftlichen Anstalten

Keine eigenen Tätigkeitsmerkmale vereinbart, sondern Verweis auf den Teil A Abschnitt I., Ziffer 3.

VI. Beschäftigte im Fernmeldebetriebsdienst

VII. Beschäftigte in der Fleischuntersuchung

VIII. Fotografinnen und Fotografen

IX. Beschäftigte im Fremdsprachendienst

Keine eigenen Tätigkeitsmerkmale vereinbart, sondern Verweis auf den Teil A Abschnitt I., Ziffer 3.

X. Gartenbau-, landwirtschafts- und weinbautechnische Beschäftigte

XI. Beschäftigte in Gesundheitsberufen

3

1. Beschäftigte in der Pflege
2. Leitende Beschäftigte in der Pflege
3. Lehrkräfte in der Pflege
4. Biologisch-technische Assistentinnen und Assistenten, Chemisch-technische Assistentinnen und Assistenten und Physikalisch-technische Assistentinnen und Assistenten sowie Kardiotechnikerinnen und Kardiotechniker
5. Diätassistentinnen und Diätassistenten
6. Ergotherapeutinnen und Ergotherapeuten
7. HNO-Audiologie-Assistentinnen und -Assistenten
8. Logopädinnen und Logopäden
9. Masseurinnen und medizinische Bademeisterinnen sowie Masseure und medizinische Bademeister
10. Medizinisch-technische Assistentinnen und Assistenten
11. Medizinische Dokumentarinnen und Dokumentare
12. Medizinische und Zahnmedizinische Fachangestellte
13. Orthoptistinnen und Orthoptisten
14. Pharmazeutisch-kaufmännische Angestellte
15. Pharmazeutisch-technische Assistentinnen und Assistenten
16. Physiotherapeutinnen und Physiotherapeuten
17. Präparationstechnische Assistentinnen und Assistenten
18. Psychologische Psychotherapeutinnen und -therapeuten sowie Kinder- und Jugendlichenpsychotherapeutinnen und -therapeuten
19. Zahntechnikerinnen und Zahntechniker
20. Leitende Beschäftigte

21. Lehrkräfte an staatlich anerkannten Lehranstalten für medizinische Berufe (Schulen)

XII. Beschäftigte in Häfen und Fährbetrieben

XIII. Beschäftigte im Kassen- und Rechnungswesen

XIV. Beschäftigte im kommunalen feuerwehrtechnischen Dienst

1. Beschäftigte im kommunalen feuerwehrtechnischen Dienst
2. Feuerwehrgerätewartinnen und Feuerwehrgerätewarte

   Keine eigenen Tätigkeitsmerkmale, sondern Verweis auf den Teil A Abschnitt I., Ziffer 2.

3. Beschäftigte in Feuerwehrtechnischen Zentralen (Feuerwehrtechnischen Zentren)

   Keine eigenen Tätigkeitsmerkmale, sondern Verweis auf den Teil A Abschnitt I., Ziffer 3.

XV. Beschäftigte in der Konservierung, Restaurierung, Präparierung und Grabungstechnik

XVI. Laborantinnen und Laboranten

XVII. Leiterinnen und Leiter von Registraturen

XVIII. Beschäftigte in Leitstellen

XIX. Beschäftigte in Magazinen und Lagern

XX. Musikschullehrerinnen und -lehrer

XXI. Reproduktionstechnische Beschäftigte

XXII. Beschäftigte im Rettungsdienst

1. Beschäftigte im Rettungsdienst
2. Beschäftigte an Rettungsdienstschulen

XXIII. Schulhausmeisterinnen und Schulhausmeister

XXIV. Beschäftigte im Sozial- und Erziehungsdienst

XXV. Beschäftigte in Sparkassen

XXVI. Technische Assistentinnen und Assistenten sowie Chemotechnikerinnen und -techniker

XXVII. Beschäftigte an Theatern und Bühnen

XXVIII. Tierärztinnen und Tierärzte

XXIX. Vermessungsingenieurinnen und Vermessungsingenieure

XXX. Vermessungstechnikerinnen und -techniker sowie Geomatikerinnen und Geomatiker

XXXI. Vorsteherinnen und Vorsteher von Kanzleien

XXXII. Zeichnerinnen und Zeichner

Die Übersicht zeigt, dass der Teil B der Entgeltordnung spezielle Tätigkeitsmerkmale enthält, die aber zunächst nicht nach Sparten (BT-V, BT-B, BT-E) differenziert sind. Diese Differenzierung erfolgt erst in den durchgeschriebenen Fassungen des TVöD-VKA, in denen das für die Sparte maßgebliche Eingruppierungsrecht eingefügt wird.

Praxis-Tipp:

Die durchgeschriebenen Fassungen veröffentlicht die VKA unter: http://www.vka.de/site/home/vka/tarifvertraege__texte/

Danach gelten für den BT-V alle Abschnitte des Teils B, während für die anderen Besonderen Teile nur folgende Abschnitte bzw. Ziffern gelten:

Im BT-B:

II. Ärztinnen und Ärzte sowie Zahnärztinnen und Zahnärzte; hier gilt Ziffer 1.: Ärztinnen und Ärzte sowie Zahnärztinnen und Zahnärzte

XI. Beschäftigte in Gesundheitsberufen mit den Ziffern 1–3, 5, 6, 9, 16, 20

XXIV. Beschäftigte im Sozial- und Erziehungsdienst

Im BT-E:

XVI. Laborantinnen und Laboranten

XIX. Beschäftigte in Magazinen und Lagern

XXVI. Technische Assistentinnen und Assistenten sowie Chemotechnikerinnen und -techniker

Im BT-K:

I. Apothekerinnen und Apotheker

II. Ärztinnen und Ärzte sowie Zahnärztinnen und Zahnärzte; hier gilt Ziffer 2.: Ärztinnen und Ärzte sowie Zahnärztinnen und Zahnärzte im Geltungsbereich des Besonderen Teils Krankenhäuser (BT-K)

XI. Beschäftigte in Gesundheitsberufen

Im BT-S:

Für den BT-S gelten folgende Besonderheiten:

Hier gelten zunächst nur folgende Abschnitte des Teils A: Aus dem Abschnitt I. gelten die Ziffern 1., 2., 4.; während aus dem Abschnitt II. alle Ziffern gelten. Aus dem Teil B gilt zunächst nur der Abschnitt XXV. Beschäftigte in Sparkassen.

Wichtig: Diese Zuordnungen bedeuten aber nicht, dass die anderen Abschnitte bzw. Ziffern des Teils B nicht infrage kommen. Denn für diesen Fall regelt die Vorbemerkung Nr. 1 Satz 5:

§

Vorbemerkung Nr. 1 Satz 5

Wird ein Arbeitsvorgang von einem speziellen Tätigkeitsmerkmal erfasst, findet dieses auch dann Anwendung, wenn die/der Beschäftigte außerhalb des Geltungsbereichs des Besonderen Teils bzw. der Besonderen Teile des TVöD beschäftigt ist, zu dem bzw. denen dieses Tätigkeitsmerkmal vereinbart ist.

7. Die Qualifikationsebenen

Die Entgeltgruppen spiegeln die alten Laufbahnen des Beamtenrechts wider, die nunmehr als Qualifikationsebenen bezeichnet werden.

System der Qualifikationsebenen gemäß Entgeltordnung – Allgemeine Tätigkeitsmerkmale		
EG 1–4	Un-/Angelernte	Beschäftigte mit Tätigkeiten, die keine oder eine unter dreijährige Ausbildung in einem Ausbildungsberuf gemäß Berufsbildungsgesetz bzw. Handwerksordnung voraussetzen
EG 5–9a	dreijährige Berufsausbildung	Beschäftigte mit Tätigkeiten, die eine abgeschlossene Ausbildung gemäß Berufsbildungsgesetz bzw. Handwerksordnung von mindestens drei Jahren voraussetzen

System der Qualifikationsebenen gemäß Entgeltordnung – Allgemeine Tätigkeitsmerkmale		
EG 9b–12	Fachhochschul-/ Bachelor-Abschluss	Beschäftigte mit Tätigkeiten, die einen Fachhochschul- bzw. Bachelor-Abschluss voraussetzen
EG 13–15	Wissenschaftlicher Hochschul-/Master-abschluss	Beschäftigte mit Tätigkeiten, die einen wissenschaftlichen Hochschul- bzw. Master-Abschluss voraussetzen

(zu den neuen Hochschulabschlüssen siehe auch Richter/Gamisch, RiA 2009, S. 97 ff. m. w. N.)

3 Dementsprechend berücksichtigen die Vorbemerkungen Nr. 3 und Nr. 4 ausdrücklich das neue Hochschulrecht (siehe auch folgende Ausführungen zu den entsprechenden Entgeltgruppen).

Letztlich spiegeln sich in den Qualifikationsebenen Berufsbilder wider.

Wichtig: Dieses System gilt in der Entgeltordnung nicht durchgängig. So führen beispielsweise Tätigkeiten, die eine abgeschlossene IT-spezifische Berufsausbildung erfordern, zu einer Eingruppierung ab Entgeltgruppe 6, während IT-Tätigkeiten, die einen Fachhochschul- bzw. Bachelor-Abschluss voraussetzen, zu einer Eingruppierung ab Entgeltgruppe 10 führen (siehe Teil A Abschnitt II., Ziffer 2.).

8. Die Bedeutung von Berufsbildern

Berufsbilder beschreiben die Elemente eines Berufs im Hinblick auf:

- Vorbildung
- Ausbildung
- Tätigkeiten
- Aufstiegschancen
- Weiterbildungsformen
- Verdienstmöglichkeiten

(vgl. Brockhaus 2003, Lexikon, Stichwort: Berufsbild)

Praxis-Tipp:

Informationen zu den Berufsbildern werden von der Bundesagentur für Arbeit in Zusammenarbeit mit dem Bundesinstitut für Berufsbildung entwickelt und veröffentlicht, zu finden unter: www.berufenet.arbeitsagentur.de

Im TVöD-VKA haben diese – anders als im TV-L – für die Eingruppierung im allgemeinen Verwaltungsdienst ab Entgeltgruppe 5 Fallgruppe 1 unmittelbare tarifliche Bedeutung.

§

Entgeltgruppe 5 Fallgruppe 1 Teil A Abschnitt I. Ziffer 3.

Beschäftigte mit erfolgreich abgeschlossener Ausbildung in einem anerkannten Ausbildungsberuf mit einer Ausbildungsdauer von mindestens drei Jahren und entsprechender Tätigkeit.

Entgeltgruppe 9b Fallgruppe 1 Teil A Abschnitt I. Ziffer 3.

Beschäftigte mit ... abgeschlossener Hochschulbildung

Wichtig: Alternativ dazu werden nach wie vor in den Entgeltgruppen 9b Fallgruppe 2 bis Entgeltgruppe 12 des Teils A der Entgeltordnung VKA auch Tätigkeitsmerkmale ohne Ausbildungsbezug genutzt, die den Regelungen im TV-L entsprechen (zur Rechtslage im TV-L siehe auch Richter/Gamisch/Mohr, EG TV-L; Geyer/Baschnagel, ZTR 2011, S. 331, 334).

Praxis-Tipp:

Bedeutung erlangen die Berufsbilder aber auch für diese Tätigkeitsmerkmale des Teils A Abschnitt I. der Entgeltordnung VKA durch Literatur und Rechtsprechung: Diese setzen gründliche und vielseitige Fachkenntnisse mit der Breite und Tiefe des in Berufsausbildungen vermittelten Wissens und Könnens gleich (vgl. BAG 19.02.2003, 4 AZR 158/02), während gründliche, gründliche, umfassende Fachkenntnisse Wissen und Können auf Dipl.-FH-Niveau voraussetzen (vgl. z. B. Nds. LAG 29.04.2002, 8 Sa 1049/01 E; BAG 15.02.2006, 4 AZR 351/06, AP Nr. 32 zu §§ 22, 23 BAT-O).

So ist auch für diese Merkmale die Arbeit mit Berufsbildern unerlässlich, um feststellen zu können, auf welchem fachlichen Niveau die auszuübende Tätigkeit anzusiedeln ist und welche der Entgeltgruppen für die Eingruppierung grundsätzlich infrage kommen.

Darüber hinaus ist in Baden-Württemberg, Bayern, Berlin, Niedersachsen, Nordrhein-Westfalen, Rheinland-Pfalz, Saar und Schleswig-Holstein das Prüfungserfordernis gemäß Vorbemerkung Nr. 7 zu beachten:

Angestelltenprüfung I

als zusätzliche Voraussetzung für die Eingruppierung der Mitarbeiter
im Teil A Abschnitt I. Ziffer 3. sowie
3 im Kassen- und Rechnungswesen (Teil B Abschnitt XIII)
ab Entgeltgruppe 5 Fallgruppe 2 TVöD-VKA

Angestelltenprüfung II

als zusätzliche Voraussetzung für die Eingruppierung der Mitarbeiter
im Teil A Abschnitt I. Ziffer 3. sowie
im Kassen- und Rechnungswesen (Teil B Abschnitt XIII)
ab Entgeltgruppe 9b Fallgruppe 2 bis Entgeltgruppe 12 TVöD-VKA

Für die Entgeltgruppen 13 bis 15 Teil A Abschnitt I. Ziffer 4. der Entgeltordnung VKA wird aber grundsätzlich eine abgeschlossene wissenschaftliche Hochschulbildung gefordert.

Im Teil A Abschnitt I. Ziffer 2. wird ab Entgeltgruppe 4 Fallgruppe 1 eine erfolgreich abgeschlossene Ausbildung in einem anerkannten Ausbildungsberuf von weniger als drei Jahren gefordert. Zudem muss der handwerklich Beschäftigte in seinem oder einem verwandten Beruf beschäftigt werden. Die Rechtslage gleicht dem TV-L bzw. dem TVöD-Bund. Ob der Beschäftigte seinem Beruf entsprechend eingesetzt ist, lässt sich nur anhand der aktuellen Anforderungen an den Beruf feststellen, wie sie regelmäßig durch Ausbildungs- und Prüfungsordnungen formuliert werden. Diese Informationen spiegeln sich unter anderem in den Berufsbeschreibungen (Berufsbildern) wider und geben damit Aufschluss, welches berufstypische Wissen und Können in den einzelnen Berufen vermittelt wird. Nur so lässt sich feststellen, ob die auszuübende Tätigkeit für den Beruf als einschlägig anzusehen ist (vgl. BAG 24.11.1999, 4 AZR 772/98, AP

Nr. 11 zu § 51 TVAL II; BAG 28.09.1994, 4 AZR 830/93, AP Nr. 192; BAG 22.03.2000, 4 AZR 116/94, AP Nr. 275 beide zu §§ 22, 23 BAT 1975).

9. Baukastenprinzip und Heraushebungsmerkmale

Der TVöD-VKA folgt generell – wie der BAT – dem sogenannten Baukastenprinzip: Die Tätigkeitsmerkmale der Entgeltordnung bauen grundsätzlich aufeinander auf. Je höher die Entgeltgruppe, umso höher die Anforderungen.

An verschiedenen Stellen erfolgt darüber hinaus eine Differenzierung durch sogenannte Heraushebungsmerkmale:

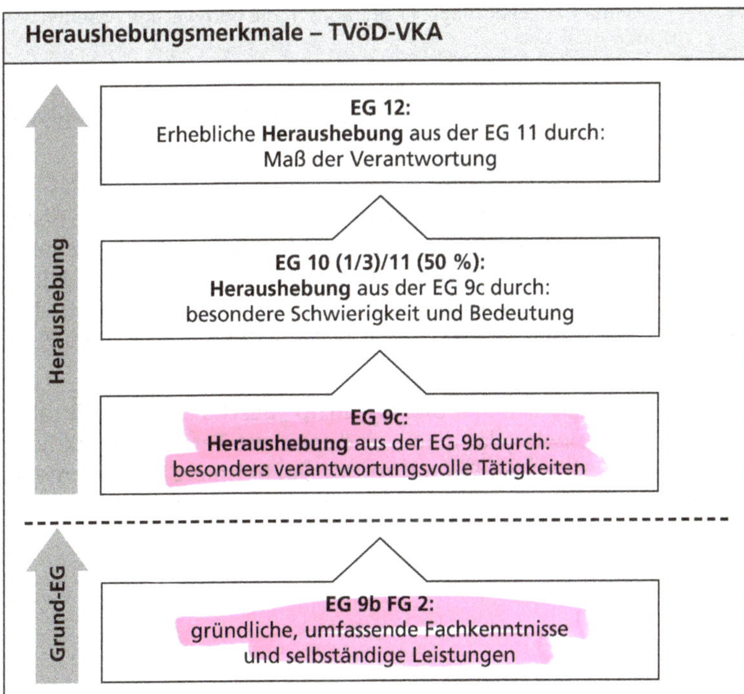

Diese erfordern ein zusätzliches qualifizierendes Tätigkeitsmerkmal. Dementsprechend sind sie nur zu prüfen, wenn die zugrunde liegenden Anforderungen erfüllt sind (vgl. BAG 12.05.2004, 4 AZR 371/03, AP Nr. 301; BAG 18.11.2015, 4 AZR 605/13, AP Nr. 335; beide zu §§ 22, 23 BAT 1975).

Die dem Heraushebungsmerkmal zugrunde liegenden Anforderungen werden häufig auch als Grundmerkmal bezeichnet (vgl. BAG 12.05.2004, 4 AZR 371/03, AP Nr. 301 zu §§ 22, 23 BAT 1975; BAG 07.05.2008, 4 AZR 303/07, AP Nr. 37 zu §§ 22, 23 BAT-O).

Dieses Prinzip der sich aufbauenden Anforderungen kannte auch der BMT-G/-O für Tätigkeiten der ehemaligen Arbeiter. Hier wurde aber nicht ausdrücklich von Heraushebungsmerkmalen gesprochen, sondern das Grund- und Aufbauprinzip durch folgende Formulierung verdeutlicht:

Auszug aus der Anlage 1 BMT-G-O (Lohngruppenverzeichnis)

Lohngruppe 5

1 *Arbeiter der Lohngruppe* 4 Fallgruppe 1, die hochwertige Arbeiten verrichten

Lohngruppe 6

1 *Arbeiter der Lohngruppe* 4 Fallgruppe 1, die besonders hochwertige Arbeiten verrichten

Dass es sich auch bei diesen Gruppen um Aufbaugruppen und damit bei den geforderten Tätigkeitsmerkmalen (besonders) hochwertige Arbeiten um Heraushebungsmerkmale handelt, hat das BAG wiederholt klargestellt (BAG 15.02.2006, 4 AZR 634/04, AP Nr. 3 zu §§ 22, 23 BAT Rückgruppierung; BAG 27.08.2008, 4 AZR 484/07, AP Nr. 210 zu § 1 TVG Auslegung).

Der TVöD-VKA übernimmt dieses Prinzip „Beschäftigte der Entgeltgruppe ..." für viele allgemeine und spezielle Tätigkeitsmerkmale, vor allem unterhalb der Entgeltgruppe 9b. Beispiele für Allgemeine Tätigkeitsmerkmale im Teil A Abschnitt I Ziffer 3. finden Sie auf der nächsten Seite.

Baukastenprinzip des TVöD-VKA

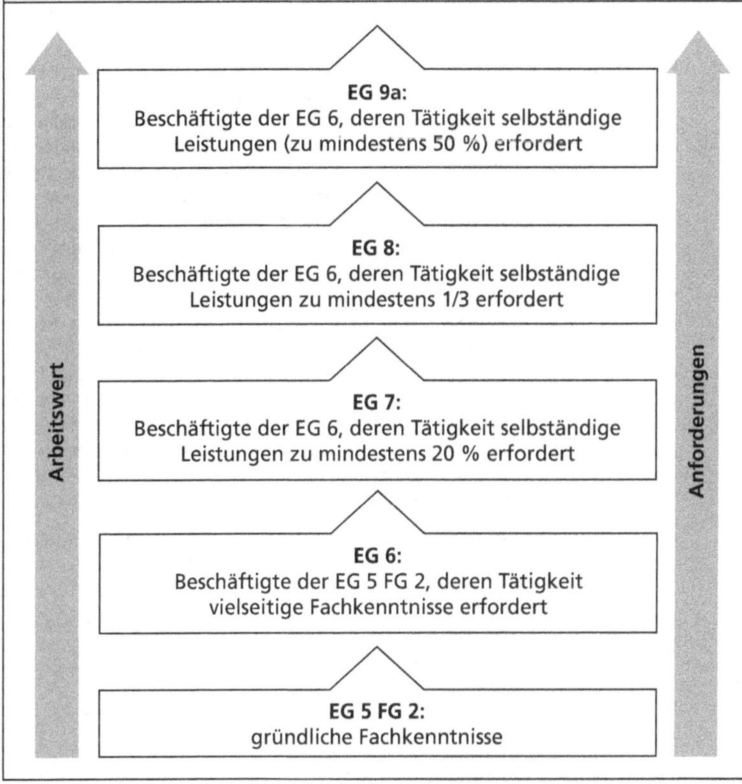

Die Prüfung von Heraushebungsmerkmalen erfordert einen wertenden Vergleich mit den nicht herausgehobenen Tätigkeiten durch entsprechenden Tatsachenvortrag. Die vorgetragenen Tatsachen müssen erkennen lassen, warum sich eine bestimmte Tätigkeit aus der in der Ausgangs(fall)gruppe erfassten Grundtätigkeit hervorhebt und einen wertenden Vergleich mit der nicht unter das Heraushebungsmerkmal fallenden Tätigkeit erlauben (vgl. BAG 21.03.2012, 4 AZR 292/10, AP Nr. 322 zu §§ 22, 23 BAT 1975 m. w. N. auf die Rechtsprechung des BAG).

Nach der neueren Rechtsprechung des BAG ist dieser Vergleich folgendermaßen zu führen:

BAG vom 21.01.2015

Ein wertender Vergleich betreffend das tarifliche Heraushebungsmerkmal der „besonderen Verantwortung“ **verlangt danach zunächst die Benennung einer Vergleichsgruppe von Arbeitnehmern, deren Tätigkeiten entsprechend der Ausgangsfallgruppe bewertet sind. Um vergleichbar zu sein, muss die Tätigkeit dieser Arbeitnehmer zumindest eine Reihe von gemeinsamen Merkmalen mit derjenigen aufweisen, die von der klagenden Arbeitnehmerin ausgeübt wird.** Sodann ist darzulegen, dass die von den Arbeitnehmern der Vergleichsgruppe ausgeübten Tätigkeiten (mindestens) die Anforderungen der Tätigkeitsmerkmale der Ausgangsfallgruppe erfüllen. Hierfür können rechtskräftige Entscheidungen der Gerichte für Arbeitssachen, namentlich des BAG, als Indiz herangezogen werden, wenn in ihnen eine entsprechende tarifliche Bewertung dieser Tätigkeit vorgenommen wurde. Dabei ist jedoch von Bedeutung, dass eine arbeitsgerichtliche Entscheidung in einem Eingruppierungsrechtsstreit regelmäßig nicht zwingend verallgemeinerbare Aussagen über die dort beurteilte Tätigkeit im Allgemeinen enthält. So mag eine Klageabweisung unter anderem dem Umstand geschuldet sein, dass die klagende Partei es nicht vermocht hat, einen schlüssigen Klagevortrag zu erbringen.

Sodann ist dieser Vergleichstätigkeit die dabei wahrzunehmende „Normalverantwortung“ zuzuordnen und ihr die gesteigerte Verantwortung der Tätigkeit der klagenden Arbeitnehmerin gegenüberzustellen.

(BAG 21.01.2015, 4 AZR 253/13, AP Nr. 44 zu §§ 22, 23 BAT-O; *Hervorhebungen durch die Verfasser*)

BAG vom 09.12.2015

Ein wertender Vergleich betreffend die tariflichen Heraushebungsmerkmale der „besondere[n] Schwierigkeit und Bedeutung“ verlangt zunächst die Benennung einer Vergleichsgruppe von Arbeitnehmern, deren Tätigkeiten entsprechend der Vergütungsgruppe IVb Fallgruppe 1a BAT bewertet sind. Um vergleichbar zu sein, muss die Tätigkeit dieser Arbeitnehmer zumindest eine Reihe von gemeinsamen Merkmalen mit derjenigen aufweisen, die vom klagenden Arbeitnehmer ausgeübt wird. Sodann ist darzulegen, dass die von den Arbeitnehmern der Vergleichsgruppe ausgeübten Tätigkeiten (mindestens) die Anforderungen der Tätigkeitsmerkmale dieser Vergütungsgruppe erfüllen. Hierfür können rechtskräftige Entscheidungen der Gerichte für Arbeitssachen, namentlich des Bundesarbeitsgerichts, als Indiz herangezogen werden, wenn in ihnen eine entsprechende tarifliche Bewertung dieser Tätigkeit vorgenommen wurde. Dabei ist jedoch zu beachten, dass arbeitsgerichtliche Entscheidungen in Eingruppierungsrechtsstreitigkeiten regelmäßig nicht zwingend verallgemeinerungsfähige Aussagen über die dort beurteilte Tätigkeit im Allgemeinen enthalten. So mag beispielsweise eine Klageabweisung unter anderem dem Umstand

> geschuldet sein, dass die klagende Partei keinen schlüssigen Klagevortrag erbracht hat. (...)
>
> In einem zweiten Schritt ist dieser Vergleichstätigkeit die dabei wahrzunehmende „Normalschwierigkeit" bzw. „Normalbedeutung" zuzuordnen und ihr die besondere Schwierigkeit und Bedeutung der Tätigkeit des klagenden Arbeitnehmers gegenüberzustellen. (...)
>
> (BAG 09.12.2015, 4 AZR 11/13, zit. nach www.bundesarbeitsgericht.de/entscheidungen)

Zusammengefasst erfolgt also die Prüfung und Feststellung des Vorliegens von Heraushebungsmerkmalen wie folgt:

Wertender Vergleich		
Darstellung der Normalität anhand einer Vergleichsgruppe (= mindestens zwei Stellen mit vergleichbaren Aufgaben)		Darstellung der Heraushebung der zu bewertenden Tätigkeit/en
= ...	mehr als ↔	= ...
= ...	mehr als ↔	= ...
anhand von (BAG-) Rechtsprechung		

Die o. g. Entscheidungen widersprechen dem bisherigen Prüfvorgehen der Arbeitsgerichte, auch dem des BAG. Die Prüfung von Heraushebungsmerkmalen erfolgte danach wie folgt:

Bei Heraushebungsmerkmalen ist zunächst zu prüfen, ob der Mitarbeiter mit seinen Tätigkeiten die Anforderungen der Ausgangs(fall-)gruppe und anschließend, ob er diejenigen der qualifizierenden Merkmale der höheren Vergütungsgruppe(n) erfüllt (ständige Rechtsprechung des BAG, vgl. z. B. BAG 19.05.2010, 4 AZR 912/08, AP Nr. 314 zu §§ 22, 23 BAT 1975 m. w. N. auf die Rechtsprechung des BAG).

Für die Begründung der Erfüllung von Heraushebungsmerkmalen dürfen keine Umstände der auszuübenden Tätigkeit herangezogen werden, die bereits für die Begründung der niedrigeren Entgeltgruppe/n herangezogen wurden. Diese Umstände sind durch die Heranziehung zur Begründung einer niedrigeren Entgeltgruppe bereits „verbraucht". Anhand der Stellenbeschreibung ist es möglich, einzelne Tätigkeiten innerhalb des bewertungsrelevanten Arbeitsvorgangs zu den Merkmalen der jeweiligen Grund- und Heraushebungsgruppen zuzuordnen, so dass für die Erfüllung eines Merkmals nicht alle Tätigkeiten aus dem Arbeitsvorgang herangezogen und damit „verbraucht" werden müssen (vgl. BAG 07.05.2008, 4 AZR 303/07, AP Nr. 37 zu §§ 22, 23 BAT-O).

Zusammengefasst: Der wertende Vergleich zwischen Grund- und Heraushebungsmerkmal erfolgt danach anhand der vom Mitarbeiter selbst auszuübenden Tätigkeiten. Ob Heraushebungsmerkmale erfüllt werden, muss sich somit aus der aktuell auszuübenden Tätigkeit des Mitarbeiters ergeben. Man kann also von einem reinen Binnenvergleich sprechen.

Teil A Abschnitt I. Ziffer 1.: Einfachste Tätigkeiten

1. Übersicht

Das erste allgemeine Tätigkeitsmerkmal, das mit Teil A Abschnitt I. Ziffer 1. vereinbart wurde, lautet:

Entgeltgruppe 1

Beschäftigte mit einfachsten Tätigkeiten, zum Beispiel

- Essens- und Getränkeausgeber/innen,
- Garderobenpersonal,
- Spülen und Gemüseputzen und sonstige Tätigkeiten im Haus- und Küchenbereich,
- Reiniger/innen in Außenbereichen wie Höfe, Wege, Grünanlagen, Parks,
- Wärter/innen von Bedürfnisanstalten,
- Servierer/innen,
- Hausarbeiter/innen,
- Hausgehilfe/Hausgehilfin,
- Bote/Botin (ohne Aufsichtsfunktion).

Ergänzungen können durch landesbezirklichen Tarifvertrag geregelt werden.

Die Entgeltgruppe 1 erfasst „ einfachste Tätigkeiten" (vgl. Richter/ Gamisch, AuA 2009, S. 360 ff.). Sie gleicht der bisherigen in Anlage 3 i. V. m. § 17 TVÜ-VKA geregelten Entgeltgruppe 1.

Zu beachten ist aber, dass das BAG für die Übergangsregelung im TVÜ die Bildung von Arbeitsvorgängen mangels einer bestehenden Rechtsgrundlage ausgeschlossen hatte. In der Praxis bestehen generell keine großen Unterschiede, da für die Bildung von Tätigkeiten bzw. Arbeitsvorgängen vergleichbare Kriterien gelten. Es ist aber zu beachten, dass die im Einzelfall anzuwendenden Maßstäbe für die Bildung von Tätigkeiten weniger streng sind (vgl. BAG 20.05.2009, 4 AZR 315/08, AP Nr. 1 zu § 17 TVÜ).

Wichtig: Mit der Einführung des § 12 TVöD-VKA müssen nunmehr Arbeitsvorgänge (neu) gebildet werden.

Einfachste Tätigkeiten sind regelmäßig durch diese Kriterien gekennzeichnet:

§

BAG vom 28.01.2009

Einfachste Tätigkeiten erfordern keinerlei Vor- oder Ausbildung, sondern sind vielmehr nach einer sehr kurzen Einweisung (max. 2 Tage) ausführbar. Die Einweisung bzw. Anlernphase dient dabei zur Erlangung von Arbeitsroutine und nicht um Arbeitsabläufe als solche zu beherrschen. Dies ist nicht notwendig, da es sich um Tätigkeiten handelt, die in ihrer Einfachheit nicht zu überbieten sind. Einfachste Tätigkeiten sind somit gekennzeichnet durch:

- eine klare/konkrete Aufgabenzuweisung
- vorgegebene und feststehende Tätigkeitsabläufe
- gleichförmige/gleichartige/mechanische Arbeiten, die nur geringster Überlegung bedürfen
- ohne eigenes Entscheidungsrecht zur Art und Weise der Arbeitsausführung
- die keine Abstimmung der Arbeiten mit Anderen erforderlich machen.

(vgl. BAG 28.01.2009, 4 ABR 92/07, AP Nr. 37 zu § 99 BetrVG 1972)

Neben dem Oberbegriff der einfachsten Tätigkeiten enthält die Entgeltgruppe 1 einen Beispielkatalog, der durch gesonderte Tarifverträge ergänzt werden kann. Die dort aufgezählten Beispielstätigkeiten sollen den Oberbegriff „einfachste Tätigkeiten" verdeutlichen.

2. Die neue Einfachheit

Mit dem Beispielkatalog befindet sich der TVöD-VKA-Anwender zunächst in einer günstigeren Ausgangsposition. Die Anwendung des Katalogs führt bei Beschäftigten, die diese Tätigkeit in einem Arbeitsvorgang bzw. mehreren Arbeitsvorgängen mit 50 Prozent der Arbeitszeit ausüben, zu einer Erleichterung: Es erfolgt keine gesonderte Prüfung mehr, ob „einfachste Tätigkeiten" vorliegen. Diese werden vielmehr unwiderlegbar vermutet, wenn der Mitarbeiter die im Beispiel genannte Tätigkeit ausübt.

Es handelt sich um sogenannte Beispielstätigkeiten. Diese konkretisieren den bewusst abstrakt gehaltenen Oberbegriff „einfachste Tätigkeiten" und erfüllen damit zwei Funktionen. Zum einen sollen sie die abstrakten Oberbegriffe verdeutlichen und verständlich machen:

§ **BAG vom 18.11.2004**

(...) die Tarifvertragsparteien haben mit den Beispielen **Maß und Richtung für die Auslegung** des allgemeinen Begriffs vorgegeben. Bei der Auslegung von unbestimmten Rechtsbegriffen (...) sind die Tätigkeitsbeispiele daher als Richtlinie für die Bewertung mit zu berücksichtigen (...)

(vgl. BAG 18.11.2004, 8 AZR 540/03, AP Nr. 88 zu § 1 TVG Tarifverträge: Einzelhandel; *Hervorhebung durch die Verfasser*)

Zum anderen erleichtern sie die Anwendung:

§ **BAG vom 08.03.2006**

(...) sind die allgemeinen Merkmale einer Vergütungsgruppe grundsätzlich erfüllt, wenn der Arbeitnehmer eine Tätigkeit ausübt, die als Regel-, Richt- oder Tätigkeitsbeispiel zu dieser Vergütungsgruppe genannt ist. (...)

(BAG 08.03.2006, 10 AZR 538/05)

Wird demgegenüber kein Beispiel erfüllt, muss unter dem sogenannten Oberbegriff „einfachste Tätigkeiten" subsumiert werden.

Praxis-Tipp:

Das gilt zum Beispiel für Reinigungskräfte im Innenbereich. Das Fehlen im Katalog führt nicht automatisch zur Eingruppierung in die Entgeltgruppe 2 TVöD-VKA.

Vielmehr muss zunächst geprüft werden, ob nicht der abstrakte Oberbegriff vorliegt. Reinigungsarbeiten im Außen- und Innenbereich sind gleichwertig (siehe auch Hofmann/Reidelbach, B 400, S. 2). Eine Heraushebung erfolgt in eine höhere Entgeltgruppe nur für die Tätigkeit der Reinigung in anderen Bereichen (z. B. Werkstätten und Laboren), für die ein gesteigertes Maß an Geschicklichkeit oder geistiger Anstrengung notwendig ist. Bei der Eingruppierung stecken die Tücken demnach im Detail.

So ist zum einen zu beachten, dass alle Beispiele des Katalogs keine Verwaltungsarbeiten, sondern durchgängig handwerkliche/körperliche Arbeiten gemäß Teil A Abschnitt I. Ziffer 2. der Entgeltordnung beinhalten. Zum anderen wird die niedrigste Eingruppierung aus dem BAT-VKA (VG X) nicht durch Entgeltgruppe 1, sondern durch Entgeltgruppe 2 ersetzt (siehe zur vergleichbaren Rechtslage im TV-L Geier/Baschnagel, ZTR 2011, S. 331, 334).

3. Rechtsprechung

Mit dieser Systematik kann es gelingen, aus der Sicht des Arbeitgebers kostenmäßig vertretbare Eingruppierungen im Bereich der Ungelernten vorzunehmen.

Beispiel:

So können die Tätigkeiten einer Küchenhilfe in einem Krankenhaus als „einfachste Tätigkeit" im Sinne der Entgeltgruppe 1 TVöD-VKA zu bewerten sein (LAG Baden-Württemberg 20.06.2007, 12 TaBV 3/07, ZTR 2007, S. 620, 621):

Auszuübende Tätigkeit		Zeitanteil ... der Gesamttätigkeit
a)	Portionierung von Speisen	zu etwa 33 %
b)	Reinigen der Küche	zu etwa 25 %
c)	Beschickung und Entladung des Geschirrspülbandes	zu etwa 35 %
d)	Wickeln von Bestecken	zu etwa 7 %

In seiner Entscheidung hat das LAG Baden-Württemberg (tarifwidrig) keinen Arbeitsvorgang gebildet, sondern wohl untechnisch einerseits von „Arbeitsvorgang" und andererseits „Arbeitsvorgängen" gesprochen. Tatsächlich ist von vier Arbeitsvorgängen auszugehen (zur Bildung von Arbeitsvorgängen im Arbeiterbereich siehe Richter/Gamisch, RiA 2008, S. 145, 152 ff.).

Die Tätigkeit zu a) ist trotz eines erhöhten intellektuellen Aufwands eine einfachste Tätigkeit im Sinne der Entgeltgruppe 1. Das gilt auch für die Tätigkeit zu c), bei der kein höherer Schwierigkeitsgrad zu erkennen ist. Ein Zeitdruck, der durch die Geschwindigkeit des Geschirrspülbands entsteht, führt nicht zu einer höheren körperlichen oder geistigen Anforderung an den Beschäftigten.

Praxis-Tipp:

Widrige Arbeitsumstände, wie Hitze und Dampf, sind nicht eingruppierungsrelevant, sondern können lediglich einen Anspruch auf entsprechende Zuschläge gemäß § 19 Abs. 2 Buchstabe d) TVöD-VKA begründen.

Bei der Tätigkeit müssen vom Stelleninhaber selbst keine Hygienevorschriften beachtet werden, weil er die Spülmaschine nicht bedient, das heißt nicht in Gang setzen und nicht mit Spülmittel versehen muss.

Vor diesem Hintergrund sind „einfachste Tätigkeiten“:

- das Fluten von Fußböden mit durch Reinigungsmittel angereichertes Wasser mittels Schiebe- und Wischtätigkeit
- die Reinigung anderer Flächen und Geräte mit anderen Lappen
- sofern kein Zerlegen und Reinigen von Maschinen erfolgt

(vgl. LAG Baden-Württemberg 20.06.2007, 12 TaBV 3/07; Rechtsbeschwerde nicht zugelassen; ZTR 2007, S. 620, 621)

Wichtig: Die Rechtslage ist anders, wenn umfangreiche rechtliche oder tatsächliche Vorgaben zu beachten sind.

So sind folgende Reinigungsarbeiten in einem Pflegeheim keine einfachsten Tätigkeiten im Sinne der Entgeltgruppe 1 TVöD-VKA:

- Bei den Sicht- und Unterhaltsreinigungen sind Hygienevorschriften zu beachten, für die eine mehrstündige Schulung erforderlich ist.
- Auch die Beachtung umfangreicher Desinfektionspläne, die eine eigenständige Entscheidung des Arbeitnehmers erfordern, welche Flächen wie aufgrund der selbst festzustellenden Verschmutzungen zu reinigen sind, schließt die Eingruppierung in Entgeltgruppe 1 aus.

(BAG 28.01.2009, 4 ABR 92/07, AP Nr. 37 zu § 99 BetrVG 1972)

Die Anforderungen der Entgeltgruppe 1 sind bei Reinigungsarbeiten hingegen erfüllt, wenn der Arbeitgeber den ganz konkreten Ablauf, den Arbeitsinhalt und die Arbeitsmittel klar und eindeutig vorgibt. Die Vorgaben des Arbeitgebers müssen so sein, dass die zu beachtenden Reinigungsanweisungen konkrete Handlungsanweisungen geben im Hinblick auf:

- die im Einzelnen zu reinigenden Bereiche (z. B. Fußböden, Oberflächen, Nassbereich, WC)
- die Reinigungsmittel und in welcher Dosierung sie zum Einsatz kommen, wobei die sachgerechte Dosierung über Dosieranlagen und nicht durch die Reinigungskraft selbst erfolgt

- die anzuwendenden Reinigungsgeräte (z. B. welcher Eimer, welche Lappen) und
- die konkrete Art und Weise der Reinigung für jeden der o. g. Bereiche (z. B. nass und/oder trocken nachwischen)

(vgl. BAG 20.05.2009, 4 AZR 315/08, AP Nr. 1 zu § 17 TVÜ)

Praxis-Tipp:

Arbeitgeber dürfen die Anforderungen an ihre Mitarbeiter nicht überspannen: Arbeitsaufgaben der Entgeltgruppe 1 TVöD-VKA in Teil A Abschnitt I. Ziffer 1. können nur „mechanische" Tätigkeiten sein, die keine geistigen Anforderungen stellen.

Bei der Übertragung der Tätigkeiten gilt: Weniger ist mehr!

Auch in dieser Qualifikationsebene ist der Arbeitgeber faktisch gezwungen, tarifkonforme Stellenbeschreibungen vorzuhalten. Anderenfalls kann es zu bösen Überraschungen in der Einigungsstelle oder vor dem Arbeits- bzw. Verwaltungsgericht kommen.

Sobald Vorschriften zu beachten sind (z. B. Prozessbeschreibungen des Qualitätsmanagements oder Rechtsvorschriften des Arbeits- und Unfallschutzes), kann nur in Entgeltgruppe 2 TVöD-VKA eingruppiert werden.

Und dann gilt es, die neue Struktur der Allgemeinen Tätigkeitsmerkmale im Blick zu behalten, denn diese unterscheiden nun zwischen handwerklichen Tätigkeiten (Ziffer 2.) und Tätigkeiten im Büro-, Buchhalterei-, sonstigen Innen- und Außendienst (Ziffer 3.).

Teil A Abschnitt I. Ziffer 2.: Handwerkliche Tätigkeiten

5

1. Übersicht

Allgemeine Tätigkeitsmerkmale für Arbeiter	
EG 2	einfache Tätigkeiten
EG 3	Heraushebung aus EG 2 durch: eingehende fachliche Einarbeitung
EG 4	**FG 1: Beschäftigte** • mit erfolgreich abgeschlossener Ausbildung in einem anerkannten Ausbildungsberuf • mit einer Ausbildungsdauer von weniger als 3 Jahren • in ihrem oder diesem verwandten Beruf beschäftigt **FG 2:** schwierige Tätigkeiten
EG 5	**Beschäftigte** • mit erfolgreich abgeschlossener Ausbildung in einem anerkannten Ausbildungsberuf • mit einer Ausbildungsdauer von mindestens drei Jahren • in ihrem oder diesem verwandten Beruf beschäftigt
EG 6	**Beschäftigte der EG 5** mit hochwertigen Arbeiten
EG 7	**Beschäftigte der EG 5** mit besonders hochwertigen Arbeiten
EG 8	**Beschäftigte der EG 5** deren Tätigkeiten in einem landesbezirklichen Tarifvertrag abschließend aufgeführt sind
EG 9a	**Beschäftigte der EG 5** deren Tätigkeiten in einem landesbezirklichen Tarifvertrag abschließend aufgeführt sind

Die Entgeltgruppen 2 bis 9a des Teils A Abschnitt I. Ziffer 2. betreffen handwerkliche Tätigkeiten. Die Vorbemerkung Nr. 1 Satz 3 regelt, wann diese gelten:

§

Vorbemerkung Nr. 1 Satz 3

[3]Für Beschäftigte mit handwerklichen Tätigkeiten, deren Tätigkeit nicht in einem speziellen Tätigkeitsmerkmal aufgeführt ist, gelten die allgemeinen Tätigkeitsmerkmale für Beschäftigte mit handwerklichen Tätigkeiten (Teil A Abschnitt I. Ziffer 2); die allgemeinen Tätigkeitsmerkmale für Beschäftigte im Büro-, Buchhalterei-, sonstigen Innendienst und Außendienst (Teil A Abschnitt I. Ziffer 3) gelten nicht.

Für die Anwendung des Teils A Abschnitt II. Ziffer 2. ist somit zunächst zu klären, ob die auszuübende Tätigkeit handwerklich geprägt ist.

Ob dies der Fall ist, ist zunächst eine Frage der Zuordnung zu den unterschiedlichen rentenversicherungsrechtlichen Systemen für Angestellte und Arbeiter (§ 38 Abs. 5 TVöD-VKA). Danach war nach einem Fünf-Punkte-Schema zu prüfen, ob letztlich eher Tätigkeiten als Angestellter im Sinne des BAT/-O oder eher Tätigkeiten als Arbeiter im Sinne der BMT-G/-O vorlagen: 5

§

BAG vom 04.09.1993

Zur rentenversicherungsrechtlichen Einordnung eines Arbeitnehmers als Arbeiter oder Angestellter ist, da es keine umfassende gesetzl. Definition gibt, nach der ständigen Rechtsprechung des BSG (Urteil vom 24.10.1978 – 12 RK 60/76 – BSG 47, 106; Urteil vom 09.12.1982 – 12 RK 6/82 – SozR 2400 § 3 Nr. 5; vom 11.11.1987 – 12 RK 6/86 – SozR 2400 § 3 Nr. 6) eine mehrstufige Prüfung vorzunehmen. Dabei ist von einer Stufe auf die folgende erst überzugehen, wenn auf der vorangegangenen keine Entscheidung möglich ist.

Auf der **ersten Stufe** ist zu untersuchen, ob der Beschäftigte zu einer der in § 133 Abs. 2 SGB VI (vor 1992: § 3 Absatz 1 AVG) beispielhaft aufgezählten Gruppen gehört.

Ist dies nicht der Fall, so ist in einem **zweiten Schritt** zu prüfen, ob die Beschäftigung einer der im sog. Berufsgruppenkatalog des Reichsarbeitsministeriums (vom 08.03.1924 – RGBl I S. 274 – mit Änderungen vom 04.02.1927 – RGBl. I S. 58 – und vom 15.07.1927 – RGBl. I S. 222) aufgeführten Gruppen entspricht.

Ist auch das nicht der Fall, so ist auf der **dritten Stufe** zu untersuchen, ob die Beschäftigung derjenigen einer Berufsgruppe entspricht, deren Angehörige nach der Verkehrsanschauung allgemein als Angestellte betrachtet werden.

Ergibt sich auch hiernach keine Lösung, so hängt die Frage, ob der Beschäftigte Angestellter oder Arbeiter ist, auf einer **vierten Stufe** davon ab, ob die Beschäftigung vorwiegend geistig oder vorwiegend körperlich geprägt ist.

Ergibt die Abwägung anhand des Gesamtbildes kein deutliches Übergewicht für eine körperliche oder für eine geistige Prägung, so ist auf der **fünften und letzten Stufe** auf den übereinstimmenden Willen der Vertragspartner des Beschäftigungsverhältnisses abzustellen.

(BAG 04.08.1993, 4 AZR 515/92, AP Nr. 1 zu § 1 BAT; *Hervorhebungen durch die Verfasser*)

Liegen handwerkliche Tätigkeiten vor, ist zunächst zu prüfen, ob ein spezielles Tätigkeitsmerkmal einschlägig ist. Dabei gilt es zu beachten, dass die neue Entgeltordnung keine speziellen Tätigkeitsmerkmale für handwerkliche Tätigkeiten beinhaltet. Statt dessen regelt § 29 Abs. 2 TVÜ-VKA:

5

§ 29 Abs. 2 TVÜ-VKA

[1]Mit dem Inkrafttreten des § 12 (VKA) und des § 13 (VKA) TVöD in Verbindung mit der Anlage 1 – Entgeltordnung (VKA) zum TVöD treten die allgemeinen Tätigkeitsmerkmale für Beschäftigte mit handwerklichen Tätigkeiten an die Stelle der bisherigen Oberbegriffe in den Lohngruppenverzeichnissen. [2]Soweit Tätigkeitsmerkmale in Lohngruppenverzeichnissen auf besondere körperliche Belastungen oder besondere Verantwortung abstellen, bleiben diese unberührt. [3]**Spezielle Eingruppierungsregelungen in Lohngruppenverzeichnissen gelten bis zur Vereinbarung neuer Regelungen auf der Bundesebene bzw. auf Ebene eines kommunalen Arbeitgeberverbandes fort**. [4]Die Lohngruppen der Lohngruppenverzeichnisse sind gemäß Anlage 3 den Entgeltgruppen des TVöD zugeordnet.

(Hervorhebung durch die Verfasser)

Ist keine speziellere Regelung einschlägig, sind für die körperlich/handwerklich geprägte Tätigkeit die folgenden Allgemeinen Tätigkeitsmerkmale des Teils A Abschnitt II. Ziffer 2. zu prüfen.

2. Einfache Tätigkeiten (Entgeltgruppe 2)

Entgeltgruppe 2

Beschäftigte mit einfachen Tätigkeiten.

([1]Einfache Tätigkeiten sind Tätigkeiten, die keine Vor- oder Ausbildung, aber eine fachliche Einarbeitung erfordern, die über eine sehr kurze Einweisung oder Anlernphase hinausgeht. [2]Einarbeitung dient dem Erwerb derjenigen Kenntnisse und Fertigkeiten, die für die Beherrschung der Arbeitsabläufe als solche erforderlich sind.)

Das Merkmal „einfache Tätigkeiten" entspricht zum Beispiel dem alten Merkmal der Lohngruppe 1 Fallgruppe 2 BMT-G-O und wurde mit folgenden Beispielen näher umschrieben:

Beispiele:

- Arbeiter in Werkstätten und Betrieben mit einfachen Arbeiten
- Hausarbeiter
- Haus-, Stations- und Küchenpersonal sowie Personal mit einfachen Hilfsarbeiten in Wäschereien, Näh- und Bügelstuben oder ähnlichen Nebenbetrieben von Kranken-, Heil-, Pflege- usw. -Anstalten, sowie in Heimen, Kindertagesstätten, Kinderkrippen und vergleichbaren Einrichtungen, sofern sie nicht Arbeiten der Fallgruppe 1 verrichten
- Küchenhilfen mit Zuarbeiten bei der Zubereitung von Speisen
- Servierpersonal

Die genannten Beispiele zeigen, dass diese zum Teil als Beispiele in Entgeltgruppe 1 TVöD-VKA übernommen wurden (Hausarbeiter, Servierpersonal), so dass die Auslegung somit vor allem unter Berücksichtigung der neuen Strukturen zu erfolgen hat.

Aufbauend auf Entgeltgruppe 1 TVöD-VKA ist der Beschäftigte demnach dann in Entgeltgruppe 2 eingruppiert, wenn für die Tätigkeitsausübung eine Einweisung bzw. Einarbeitung von deutlich mehr als drei Tagen erforderlich ist. Bei der Einarbeitungszeit ist allerdings zu unterscheiden, ob diese erforderlich ist, um allein ein gewisses Maß an Arbeitsgeschwindigkeit zu erreichen (Erwerb von Routine bei feststehenden Tätigkeitsabläufen im Sinne der Entgeltgruppe 1) oder um die Arbeitsabläufe als solche zu beherrschen (etwa wenn verschiedenartige Details der Tätigkeit zu erfassen sind). Im letzteren Fall spricht der Umstand einer mehrtägigen Einarbeitungszeit regelmäßig gegen eine Einordnung als einfachste Tätigkeit. Muss der Mitarbeiter also angelernt werden, um Arbeitsabläufe zu beherrschen, liegen einfache Tätigkeiten vor. Das kann zum Beispiel der Fall sein, wenn dem Beschäftigten im Rahmen der Aufgaben ein eigenständiger, nicht gänzlich unbedeutender Entscheidungs- oder Verantwortungsbereich übertragen wurde. Auch kann der Umstand von Bedeutung sein, dass es im Einzelfall zur Durchführung der übertragenen Tätigkeit regelmäßig einer Abstimmung mit anderen Personen wie Beschäftigten oder Kunden bedarf (vgl. BAG 28.01.2009, 4 ABR 92/07, AP Nr. 37 zu § 99 BetrVG 1972).

3. Die eingehende fachliche Einarbeitung (Entgeltgruppe 3)

Entgeltgruppe 3

Beschäftigte, deren Tätigkeit sich dadurch aus der Entgeltgruppe 2 heraushebt, dass sie eine eingehende fachliche Einarbeitung erfordert.

Die Tätigkeiten der Entgeltgruppen 1 und 2 TVöD-VKA erfordern keine (Grund-)Kenntnisse, sondern allenfalls eine Einarbeitung für Entgeltgruppe 2. In der Entgeltgruppe 3 TVöD-VKA muss hingegen eine „eingehende fachliche Einarbeitung" erforderlich sein.

Der TVöD-VKA verzichtet auf eine begriffliche und zeitliche Eingrenzung dieses Begriffs. Maßgeblich ist deshalb eine Begriffs-
5 bestimmung anhand des allgemeinen Sprachgebrauchs. Zugleich muss innerhalb der Systematik eine Abgrenzung nach unten und oben erfolgen:

Zum einen zu den „einfachsten" und „einfachen" Tätigkeiten der Entgeltgruppen 1 und 2 TVöD-VKA, zum anderen zu den „schwierigen" Tätigkeiten gemäß Entgeltgruppe 4 Fallgruppe 2 bzw. den Tätigkeiten auf Ausbildungsniveau im Sinne der Entgeltgruppe 4 Fallgruppe 1 TVöD-VKA.

Unter **eingehend** versteht der allgemeine Sprachgebrauch in allen Einzelheiten, sorgfältig und ins Einzelne gehend, ausführlich (vgl. Duden, S. 483). Als **fachlich** wird ein bestimmtes Fach, ein Fachgebiet betreffend, dazu gehörend bezeichnet (vgl. Duden, S. 569). **Einarbeitung**, das sich Einarbeiten, umfasst das sich praktisch mit einer Arbeit vertraut machen (vgl. Duden, S. 477).

Fraglich ist, welchen Zeitraum diese Einarbeitung umfassen muss:

Nach oben ist die Einarbeitungszeit zunächst abzugrenzen von der Entgeltgruppe 4 Fallgruppe 1 TVöD-VKA. Die Entgeltgruppe 4 fordert in Fallgruppe 1 eine abgeschlossene Ausbildung in einem anerkannten Ausbildungsberuf mit einer Ausbildungsdauer von weniger als drei Jahren. Gemäß § 5 Abs. 1 BBiG beträgt die Ausbildungsdauer dann mindestens zwei Jahre.

Praxis-Tipp:
Die eingehende fachliche Einarbeitung muss somit deutlich unter zwei Jahren liegen.

Bei der Abgrenzung gegenüber der Entgeltgruppe 2 TVöD-VKA ist zu berücksichtigen, dass gesteigerte Anforderungen an die Qualität der Einarbeitung gestellt werden müssen, denn die Formulierung „eingehend" verdeutlicht, dass eine „einfache" Einarbeitung nicht ausreichend ist. Vielmehr bedeutet eingehende Einarbeitung eine Steigerung der Anforderungen unter einer Berufsausbildung.

In Anlehnung an die Rechtsprechung zum sogenannten Routinevorsprung (vgl. Berkowsky, § 6 Rn. 101 m. w. N. auf die Rechtsprechung des BAG) in Zusammenhang mit der Sozialauswahl bei betriebsbedingten Kündigungen, dürfte der Zeitraum ein bis sechs Monate betragen. Diese Auslegung wird durch die Entscheidung des BAG vom 11.10.2006 (4 AZR 534/05, AP Nr. 9 zu § 20 BMT-G II) zum BMT-G II bestätigt. Das Gericht hat ausgeführt:

§

BAG vom 11.10.2006

Ein möglicher Anhaltspunkt für die regelmäßige Dauer einer solchen Einarbeitung ergibt sich – ohne dass dies für den hier anzuwendenden BezTV unmittelbar maßgeblich wäre – aus der Protokollerklärung Nr. 4 Teil I der Anlage 1 zum Bezirkstarifvertrag Nr. 2 zum BMT-G II zwischen dem Kommunalen Arbeitgeberverband Bayern und der Gewerkschaft ÖTV in der aktuell geltenden Fassung. Danach gehen die dortigen Tarifvertragsparteien bei einer wortgleichen Bestimmung (...) davon aus, dass sich die **Einarbeitungszeit „in der Regel (...) auf etwa sechs Wochen erstrecken"** werde. (...)

(Hervorhebung durch die Verfasser)

In diesem Zusammenhang ist zu beachten, dass es sich bei dem zu vermittelnden Wissen und Können um solches handeln muss, dass durch den Arbeitgeber vermittelt werden kann (zur vergleichbaren Regelung im TV-V siehe Richter/Gamisch/Mohr, EG TV-V, S. 108 f.).

Dagegen handelt es sich zum Beispiel bei einer Fahrerlaubnis um eine Qualifikation, die regelmäßig außerhalb des Arbeitsverhältnisses erworben wird und im Streitfall Bestandteil des Anforderungsprofils für die konkrete Tätigkeit ist.

Bedeutsam für die Eingruppierung wird sie aufgrund der Tätigkeitsmerkmale erst, wenn weitere qualifizierende Merkmale hinzukommen, zum Beispiel das Führen von Kraftfahrzeugen mit einem zulässigen Gesamtgewicht von mehr als 7,5 Tonnen (vgl. BAG 11.10.2006, 4 AZR 534/05, AP Nr. 9 zu § 20 BMT-G II).

Für die Abgrenzung von Entgeltgruppe 2 und 3 bei handwerklich/ körperlichen Tätigkeiten kann ergänzend folgendes Beispiel aus der Rechtsprechung herangezogen werden:

Praxis-Beispiel:

Städtischer Reiniger

Als städtischem Reiniger oblagen dem Beschäftigten folgende Aufgaben:

Er fährt als Bezirksreiniger bzw. Reinigungsfahrer mit einem Arbeitskollegen in einem bestimmten, ihm zugewiesenen Bereich der Stadt mit einem Pritschenwagen von Bushaltestelle zu Bushaltestelle und leert die dort angebrachten Papierkörbe auf seine Ladefläche aus, wobei der Beschäftigte sich weit überwiegend auf das Fahren des Fahrzeugs beschränkt. Soweit
5 im Bereich der Haltestelle Verunreinigungen sind, beseitigt er diese. Um diese Tätigkeit ausüben zu können, benötigt der Beschäftigte neben einer Fahrerlaubnis vor allem Kenntnisse über die abzufahrende Route. Diese Kenntnisse reichen für die Anerkennung einer eingehenden Einarbeitung nicht aus:

1. Zur Fahrerlaubnis:

   Der Erwerb einer solchen und die damit erlangte Qualifikation beruhen nicht auf einer eingehenden Einarbeitung im Tarifsinne. Bei der Wahl dieses Begriffs sind die Tarifparteien ersichtlich davon ausgegangen, dass es sich um (ggf. zusätzliche) Kenntnisse handelt, die durch Einarbeitung erlangt werden, die vom Arbeitgeber durchgeführt werden kann. Bei einer Fahrerlaubnis handelt es sich dagegen um eine Qualifikation, die im Regelfall außerhalb des Arbeitsverhältnisses erworben wird und im Streitfall Bestandteil des Anforderungsprofils für die konkrete Tätigkeit ist.

2. Zur Kenntnis der abzufahrenden Route:

   Die erforderlichen Kenntnisse über Lage, Ort und Reihenfolge der anzufahrenden Stellen erfordern notwendigerweise keine eingehende Einarbeitung. Soweit beim Beschäftigten keine Ortskenntnisse vorliegen, reicht für die sachgerechte

Aufgabenerledigung die Aushändigung eines Stadtplans mit den darin vermerkten Anlaufpunkten aus.

(BAG 11.10.2006, 4 AZR 534/05, AP Nr. 9 zu § 20 BMT-G II)

4. Die Entgeltgruppe 4

§

Entgeltgruppe 4

1. **Beschäftigte mit erfolgreich abgeschlossener Ausbildung in einem anerkannten Ausbildungsberuf mit einer Ausbildungsdauer von weniger als drei Jahren, die in ihrem oder einem diesem verwandten Beruf beschäftigt werden.**

2. **Beschäftigte mit schwierigen Tätigkeiten.**

   ([1]Schwierige Tätigkeiten sind Tätigkeiten, die mehr als eine eingehende fachliche Einarbeitung im Sinne der Entgeltgruppe 3 erfordern. [2]Danach müssen Tätigkeiten anfallen, die an das Überlegungsvermögen oder das fachliche Geschick Anforderungen stellen, die über das Maß dessen hinausgehen, was üblicherweise von Beschäftigten der Entgeltgruppe 3 verlangt werden kann.)

Der Begriff des anerkannten Ausbildungsberufs wird in Vorbemerkung Nr. 5 wie folgt näher erläutert:

§

Vorbemerkung Nr. 5

[1]Anerkannte Ausbildungsberufe sind nur solche, die auf der Grundlage des Berufsbildungsgesetzes bzw. der Handwerksordnung geregelt sind. [2]Soweit in Tarifverträgen auf Landesebene bzw. im Tarifvertrag zu § 20 Abs. 1 BMT-G-O (Lohngruppenverzeichnis) Beschäftigte mit handwerklichen Tätigkeiten und verwaltungs- oder betriebseigener Prüfung Beschäftigten mit erfolgreich abgeschlossener Ausbildung gleichgestellt sind, bleiben diese Regelungen unberührt. [3]Die im Bereich der jeweiligen kommunalen Arbeitgeberverbände bestehenden Richtlinien finden weiterhin Anwendung. [4]In Tätigkeitsmerkmalen genannte Ausbildungsberufe umfassen auch die entsprechenden früheren Ausbildungsberufe vor Inkrafttreten der Anlage 1 – Entgeltordnung (VKA).

Die Tätigkeitsmerkmale sind grundsätzlich der Lohngruppe 3 Fallgruppe 1 zum BMT-G/-O entnommen. Die Tarifvertragsparteien haben aber auf die aktuelle Situation der Berufsausbildung reagiert und die verlängerte Regelausbildungsdauer von drei statt 2,5 Jahren übernommen (§ 5 Abs. 1 Nr. 2 BBiG; § 26 Abs. 1 Nr. 2 HwO).

Bei der **anerkannten (Berufs-)Ausbildung** handelt es sich um ein subjektiv (in der Person des Beschäftigten) zu erfüllendes Tätigkeitsmerkmal. Ein anerkannter Ausbildungsberuf liegt vor, wenn er als solcher gesetzlich geregelt ist. Rechtsgrundlagen für die Berufsausbildung sind vor allem die Handwerksordnung i. V. m. dem Berufsbildungsgesetz.

Die Ausbildung muss nach der dazu ergangenen Ausbildungsordnung erfolgen (§ 4 BBiG, § 25 HwO). Als abgeschlossen im berufsbildungsrechtlichen Sinne gilt eine solche Ausbildung, wenn der Auszubildende die Prüfung vor der zuständigen Stelle erfolgreich bestanden hat (§ 37 BBiG; § 31 HwO).

Beispiele für Berufe mit einer Regelausbildungsdauer von weniger als drei Jahren	
Berufsbild	**Ausbildungs-dauer**
Ausbaufacharbeiter	2 Jahre
Fachlagerist	2 Jahre
Fachkraft – Gastgewerbe	2 Jahre
Fachkraft – Kurier-, Express- und Postdienstleistungen	2 Jahre
Industrieelektriker/innen der Fachrichtung Betriebstechnik	2 Jahre
Industrieelektriker/innen der Fachrichtung Geräte und Systeme	2 Jahre
Servicefahrer	2 Jahre

(vgl. www.berufenet.arbeitsagentur.de)

Beruf ist im Sinne des allgemeinen Sprachgebrauchs die Zugehörigkeit zu einem Erwerbszweig (BAG 24.01.2007, 4 AZR 28/06, AP Nr. 10 zu § 20 BMT-G II m. w. N.).

Beschäftigung **in ihrem Beruf** bedeutet dementsprechend, dass der Beschäftigte Tätigkeiten auszuüben hat, die im Rahmen der für die Tätigkeit passenden/einschlägigen Berufsausbildung vermittelt werden. Einschlägig ist ein Beruf nur dann, wenn die jeweilige Berufsausbildung das adäquate Mittel ist, die für die Tätigkeitsausübung erforderlichen Kenntnisse und praktischen Fertigkeiten zu erwerben. Die Berufsausbildung ist somit notwendige Voraussetzung zur sachgerechten Arbeitsausführung (vgl. BAG 24.11.1999, 4 AZR 772/98, AP Nr. 11 zu § 51 TVAL II).

Wichtig: Alles das, was der Beschäftigte im Rahmen der Ausbildung an Kenntnissen, Fertigkeiten und berufstypischen Aufgaben vermittelt bekommt, zählt zur „Normaltätigkeit" und führt damit zur Anerkennung der Entgeltgruppe 4 (siehe zur vergleichbaren Rechtslage im BMT-G II: BAG 27.08.2008, 4 AZR 484/07, AP Nr. 210 zu § 1 TVG Auslegung).

Dementsprechend erfordert auch die Formulierung „in ihrem Beruf beschäftigt sind" eine Tätigkeit, die im Wesentlichen dem Berufsbild des erlernten Berufs entspricht (vgl. BAG 10.06.1981, 4 AZR 1164/78, AP Nr. 46; BAG 19.05.1982, 4 AZR 767/79, AP Nr. 59 zu §§ 22, 23 BAT 1975; siehe zum vergleichbaren Tätigkeitsmerkmal: BAG 24.09.2008, 4 ABR 83/07, AP Nr. 94 zu § 1 TVG Tarifverträge: Einzelhandel; zum BMT-G: LAG Nürnberg 04.08.2004, 4 Sa 252/03, zit. nach Beck-online).

Für die Anwendung des Begriffs **„verwandter Beruf"** kommt es nicht auf die Ähnlichkeit der jeweiligen Tätigkeit an. Entscheidend ist vielmehr, ob die Berufe als solche untereinander verwandt sind. Damit genügt es nicht, dass sich einzelne Tätigkeiten in Randgebieten überschneiden. Die Beschäftigung in einem verwandten Beruf setzt vielmehr voraus, dass die Berufsbilder des ausgeübten Berufs und des Ausbildungsberufs in den wesentlichen, prägenden Einzelheiten übereinstimmen und sich die Inhalte der Ausbildung und Prüfung zu einem großen Teil überschneiden (vgl. BAG 10.06.1981, 4 AZR 1164/78, AP Nr. 46; BAG 19.05.1982, 4 AZR 767/79, AP Nr. 59 zu §§ 22, 23 BAT 1975; BAG 24.01.2007, 4 AZR 28/06, AP Nr. 10 zu § 20 BMT-G II m. w. N.). 5

Praxis-Tipp:

Diese Berufsinformationen bietet das Informationsportal der Bundesagentur für Arbeit unter: www.berufenet.arbeitsagentur.de

Die Entgeltgruppe 4 Fallgruppe 2 fordert wie die Entgeltgruppe 4 des Teils A Abschnitt I. Ziffer 3. die Erledigung schwieriger Tätigkeiten. Auf die Ausführungen in Kapitel 6.4 kann daher verwiesen werden.

5. Die Entgeltgruppe 5

Entgeltgruppe 5

Beschäftigte mit erfolgreich abgeschlossener Ausbildung in einem anerkannten Ausbildungsberuf mit einer Ausbildungsdauer von mindestens drei Jahren, die in ihrem oder einem diesem verwandten Beruf beschäftigt werden.

Der Begriff des anerkannten Ausbildungsberufes gemäß Vorbemerkung Nr. 5 wurde bereits vorgestellt (siehe oben).

Inhaltlich unterscheidet sich die Entgeltgruppe 5 lediglich hinsichtlich der Ausbildungsdauer von den Anforderungen der Entgeltgruppe 4 Fallgruppe 1. Auf die obigen Ausführungen kann daher grundsätzlich entsprechend verwiesen werden.

Ergänzend ist hinzuzufügen, dass es für die hier geforderte mindestens dreijährige Berufsausbildung nicht ausreicht, wenn der Beschäftigte nur auf einem eng begrenzten Teilgebiet eines Ausbildungsberufs tätig ist:

Praxis-Beispiel:

Reparaturarbeiten an Motoren von Kraftfahrzeugen durch einen ausgebildeten Kraftfahrzeugmechaniker

Der Mitarbeiter war im Rahmen von Reparaturarbeiten an Motoren von Kraftfahrzeugen regelmäßig nicht nur an kleineren Motoren, sondern gerade an dem hinsichtlich Hubraum und Abmessung größten Motor des gesamten Reparaturprogramms eingesetzt. Zu den eigenverantwortlich und selbständig ausgeführten Tätigkeiten gehörten insbesondere:

- Öffnen und erforderlichenfalls Zerlegen des Motors
- Austausch von Motorenteilen
- erforderlichenfalls vollkommener Neuaufbau des Motors (z. B. neue Kurbelwelle, neue Nockenwelle, neue Lager, neue Zylinder)
- Montage der äußeren Motorenteile

Insoweit gibt es keinerlei Einschränkungen in der Einsatzfähigkeit des Mitarbeiters im Vergleich zu anderen, in der Werkstatt tätigen Schwergeräte-Mechanikern. Diese Reparaturarbeiten an Motoren von Kraftfahrzeugen lassen nicht den Schluss zu, dass diese Tätigkeiten eine abgeschlossene Berufsausbildung zum Kraftfahrzeugmechaniker erforderten. Die Ausbildung zum Kraftfahrzeugmechaniker befähigt nicht nur zur Wartung und Reparatur von Motoren – gewiss ein wichtiges Tätigkeitsfeld dieses Berufs –, sondern zu einer sehr viel breiteren Einsetzbarkeit im Kraftfahrzeughandwerk. Die Blätter zur Berufskunde Kraftfahrzeugmechaniker/Kraftfahrzeugmechanikerin (1-II A 402 6. Aufl. 1989, unter 1.1) führen insgesamt 40 zum Arbeitsgebiet von Kraftfahrzeugmechanikern gehörende Baugruppen/Systeme auf, von denen lediglich vier „Motoren und Kühlung" betreffen. Damit hat der Mitarbeiter nur auf einem eng begrenzten Teilgebiet des Berufs gearbeitet, auf dem die dort geforderten Tätigkeiten möglicherweise ohne die Qualifikation zum Kraftfahrzeugmechaniker ordnungsgemäß ausgeübt werden können (vgl. BAG 24.11.1999, 4 AZR 772/98, AP Nr. 11 zu § 51 TV AL II).

Beispiele für nicht verwandte Berufe:

- Die Beschäftigung als Kraftfahrer ist für einen ausgebildeten Kraftfahrzeugschlosser keine Tätigkeit in einem verwandten Beruf (siehe zum gleichlautenden Merkmal im BMT-G-O: BAG 24.01.2007, 4 AZR 28/06, AP Nr. 10 zu § 20 BMT-G II).
- Eine Ausbildung als Büromaschinenmechaniker ist kein verwandter Beruf für einen Fernmeldemechaniker, da beide Berufsbilder in Ausbildung und Prüfung in den wesentlichen Punkten nicht übereinstimmen (BAG 06.06.1984, 4 AZR 210/82, AP Nr. 6 zu § 21 MTB II).
- Die Ausbildung als Zentralheizungs- und Lüftungsbauer ist kein dem Rohrnetzbauer verwandter Beruf (BAG 18.12.1996, 4 AZR 313/95 zit. nach www.personalpraxis24.de).
- Die Ausbildung als Elektroniker für Gebäude- und Infrastruktursysteme ist kein dem Instandhaltungsmechaniker verwandter Beruf (LAG Sachsen-Anhalt 26.04.2007, 9 Sa 387/06 E).

6. Hochwertige Arbeiten (Entgeltgruppe 6)

Entgeltgruppe 6

Beschäftigte der Entgeltgruppe 5, die hochwertige Arbeiten verrichten.

(Hochwertige Arbeiten sind Arbeiten, die an das Überlegungsvermögen und das fachliche Geschick der/des Beschäftigten Anforderungen stellen, die über das Maß dessen hinausgehen, was üblicherweise von Beschäftigten der Entgeltgruppe 5 verlangt werden kann.)

Die Feststellung, ob die im Klammersatz gestellten Anforderungen an das Überlegungsvermögen und an das fachliche Geschick erfüllt sind, bedarf eines wertenden Vergleichs mit demjenigen Überlegungsvermögen und demjenigen fachlichen Geschick, welches bereits die Arbeiten der Entgeltgruppe 5 – das heißt Arbeiten, die einer abgeschlossenen Berufsausbildung von mindestens drei Jahren bedürfen – voraussetzen (siehe zur vergleichbaren Rechtslage im MTArb: BAG 15.02.2006, 4 AZR 634/04, AP Nr. 3 zu §§ 22, 23 BAT Rückgruppierung).

Dabei bedeutet Überlegungsvermögen im Sinne des allgemeinen Sprachgebrauchs, dass die Tätigkeit vom Beschäftigten die Fähigkeit erfordert, sich selbst Gedanken darüber zu machen, wie konkret die übertragenen Aufgaben zu lösen sind. Er muss somit selbst entscheiden, wie er konkret vorgeht (vgl. Duden, S. 1814, 1908). Diese Selbständigkeit bei der Arbeitsausführung muss dann mit der Selbständigkeit verglichen werden, wie sie bereits im Rahmen der einschlägigen Ausbildung vermittelt wird. Als genereller Maßstab für die durch Ausbildungen vermittelte Selbständigkeit kann die berufliche Handlungsfähigkeit im Sinne von § 1 Abs. 3 BBiG dienen:

§ 1 Abs. 3 BBiG

Die Berufsausbildung hat die für die Ausübung einer qualifizierten beruflichen Tätigkeit in einer sich wandelnden Arbeitswelt notwendigen beruflichen Fertigkeiten, Kenntnisse und Fähigkeiten (berufliche Handlungsfähigkeit) in einem geordneten Ausbildungsgang zu vermitteln. Sie hat ferner den Erwerb der erforderlichen Berufserfahrungen zu ermöglichen.

Berufliche Handlungsfähigkeit bedeutet eine Verbindung von Kenntnissen, Fertigkeiten und Fähigkeiten. Bei Kenntnissen handelt es sich um theoretisches Wissen und bei Fertigkeiten um die praktische Handhabung des Erlernten (BAG 08.08.2002, 8 AZR 647/00,

AP Nr. 23 zu §§ 22, 23 BAT-O m. w. N.). Der Begriff der Fähigkeit flankiert beides. Fähigkeiten sind die Gesamtheit körperlicher und seelisch geistiger Bedingungen, die zur Ausführung einer bestimmten Aufgabe erforderlich sind (vgl. Gröner/Fuchs-Brüninghoff, S. 162 f.). Beruflich handlungsfähig ist demnach der, der in der Lage ist, ohne fachliche Einzelanweisungen Arbeiten zu verrichten, die er im Rahmen der Ausbildung erlernt hat.

In diesem Sinne muss für die Entgeltgruppe 6 das Überlegungsvermögen/die Selbständigkeit (Anleitungsfreiheit) auch für Aufgaben gegeben sein, die nach den Ausbildungsanforderungen nicht mehr anleitungsfrei erledigt werden müssen.

Fachliches Geschick bedeutet hingegen, dass man im einschlägigen Fach-/Wissensgebiet auch über praktische Fertigkeiten verfügt (vgl. Duden, S. 569, 715). Da die Vermittlung von Berufspraxis auch Teil der Ausbildung ist (siehe oben) müssen für Entgeltgruppe 6 somit weitergehende praktische Fertigkeiten erforderlich sein.

7. Besonders hochwertige Arbeiten (Entgeltgruppe 7)

§

Entgeltgruppe 7

Beschäftigte der Entgeltgruppe 5, die besonders hochwertige Arbeiten verrichten.

(Besonders hochwertige Arbeiten sind Arbeiten, die neben vielseitigem, hochwertigem fachlichen Können besondere Umsicht und Zuverlässigkeit erfordern.)

Vielseitiges fachliches Können erfordert über die Erfordernisse beim Durchschnittshandwerker hinaus breitere fachliche Kenntnisse und Erfahrungen in dem jeweils maßgeblichen handwerklichen Beruf. Nicht notwendig sind jedoch Kenntnisse und Erfahrungen außerhalb des eigenen handwerklichen Berufsbilds (vgl. BAG 07.04.1976, 4 AZR 158, AP Nr. 1 zu § 21 MTR; BAG 03.02.1988, 4 AZR 493/87, AP Nr. 4 zu § 22 MTB II SV 2a).

Das Adjektiv **hochwertig** steht für hohe Qualität aufweisend (vgl. Duden, S. 879). Unter **fachlich** versteht man ein bestimmtes Fach/ Fachgebiet betreffendes Wissen (vgl. Duden, S. 569). Als **Können** bezeichnet der allgemeine Sprachgebrauch ein erworbenes Vermögen, auf einem bestimmten Gebiet mit Sachverstand etwas zu leisten (vgl. Duden, S. 1038).

Praxis-Tipp:

Vielseitiges hochwertiges fachliches Können setzt im Vergleich zu den Anforderungen der Entgeltgruppe 5 voraus, dass der Arbeitnehmer ein nach Breite und Tiefe höheres Fachwissen und höhere Fertigkeiten – aufbauend auf seinem Berufsabschluss und dabei erworbenen Kenntnissen und Fertigkeiten – einsetzen muss.

Darüber hinaus muss die besondere Umsicht und Zuverlässigkeit vorliegen. **Umsichtig** handelt, wer bedacht, überlegt, alle Umstände bedenkend vorgeht. Besonders umsichtig handelt derjenige, an dessen Überlegungen gesteigerte Anforderungen gestellt werden (vgl. BAG 03.02.1988, 4 AZR 493/87, AP Nr. 4 zu § 22 MTB II SV 2a; BAG 27.08.2008, 4 AZR 484/07, AP Nr. 210 zu § 1 TVG Auslegung).

Nach dem allgemeinen Sprachgebrauch bedeutet **zuverlässig** „so beschaffen, dass man sich auf ihn verlassen kann, vertrauenswürdig, verlässlich". Auf eine Tätigkeit bezogen bedeutet dies, dass der Arbeitnehmer keiner besonderen Kontrolle bedarf, weil man sich auf ihn verlassen kann. Fordert man hingegen, dass die fachliche Aufsicht auf ein Mindestmaß beschränkt werden kann, sind diese Anforderungen zu hoch (vgl. BAG 03.02.1988, 4 AZR 493/87, AP Nr. 4 zu § 22 MTB II SV 2a).

Beispiel:

Besonders hochwertige Arbeiten sind gegeben bei einem Waffenmechaniker in der technischen Materialprüfung (BAG 03.02.1988, 4 AZR 493/87, AP Nr. 4 zu § 22 MTB II SV 2a).

8. Die Entgeltgruppen 8 und 9a

Entgeltgruppe 8

Beschäftigte der Entgeltgruppe 5, deren Tätigkeiten in einem landesbezirklichen Tarifvertrag abschließend aufgeführt sind.

§ **Entgeltgruppe 9a**

Beschäftigte der Entgeltgruppe 5, deren Tätigkeiten in einem landesbezirklichen Tarifvertrag abschließend aufgeführt sind.

Für die Entgeltgruppen 8 und 9a wird explizit auf diese landesbezirkliche Ergänzungsmöglichkeit hingewiesen. Auf nähere Ausführungen zu diesen Entgeltgruppen kann daher verzichtet werden, da (noch) keine entsprechenden Regelungen vorhanden sind.

Teil A Abschnitt I. Ziffer 3.: Entgeltgruppen 2 bis 9a

1. Übersicht

Teil A Abschnitt I. Ziffer 3. gilt für Tätigkeiten im Büro-, Buchhalterei-, sonstigen Innendienst und im Außendienst. Buchhaltereidienst bezieht sich gemäß Vorbemerkung zu Teil A Abschnitt I. Ziffer 3. nur auf Tätigkeiten von Beschäftigten, die mit kaufmännischer Buchführung beschäftigt sind. Ansonsten gilt für diese Ziffer die allgemeine Auffangfunktion (siehe auch Ausführungen unter Kapitel 3.5).

Dabei beleuchten wir im Kapitel 6 die Entgeltgruppen 2 bis 9a und in den Kapiteln 7 bis 9 die Entgeltgruppen 9b bis 15.

Die Entgeltgruppen 2 bis 9a TVöD-VKA

EG 2	50 % einfache Tätigkeiten	
EG 3	Heraushebung aus EG 2 durch 50 % eingehende fachliche Einarbeitung	
EG 4	**FG 1:** Heraushebung aus EG 3 durch 25 % gründliche Fachkenntnisse	**FG 2:** 50 % schwierige Tätigkeiten
EG 5	**FG 1:** + abgeschlossene dreijährige Berufsausbildung + entsprechende Tätigkeiten	**FG 2:** 50 % gründliche Fachkenntnisse
EG 6	Beschäftigte der EG 5 FG 1 mit 50 % gründlichen und vielseitigen Fachkenntnissen	Beschäftigte der EG 5 FG 2 mit 50 % vielseitigen Fachkenntnissen
EG 7	Beschäftigte der EG 6 mit 20 % selbständigen Leistungen	
EG 8	Beschäftigte der EG 6 mit 1/3 selbständigen Leistungen	
EG 9a	Beschäftigte der EG 6 mit 50 % selbständigen Leistungen	

2. Einfache Tätigkeiten (Entgeltgruppe 2)

Entgeltgruppe 2

Beschäftigte mit einfachen Tätigkeiten.

([1]Einfache Tätigkeiten sind Tätigkeiten, die weder eine Vor- noch eine Ausbildung, aber eine Einarbeitung erfordern, die über eine sehr kurze Einweisung oder Anlernphase hinausgeht. [2]Die Einarbeitung dient dem Erwerb derjenigen Kenntnisse und Fertigkeiten, die für die Beherrschung der Arbeitsabläufe als solche erforderlich sind.)

Die „einfachen Tätigkeiten" ersetzen die alten Merkmale „mit einfacheren Arbeiten" und „mit vorwiegend mechanischer Tätigkeit" (vgl. Geyer/Baschnagel, ZTR 2011, S. 331, 334 zur vergleichbaren Rechtslage im TV-L). In Betracht kommen damit zum Beispiel einfache Bürotätigkeiten wie Führen von Listen, Mithilfe bei der Postabfertigung, Registratur- oder Fotokopierarbeiten, die eine entsprechende Einarbeitung erfordern, die über eine kurze Einweisung im Sinne der Entgeltgruppe 1 (siehe auch Kapitel 4) hinausgeht.

Bei der Einarbeitungszeit ist allerdings zu unterscheiden, ob diese erforderlich ist, um allein ein gewisses Maß an Arbeitsgeschwindigkeit zu erreichen (Erwerb von Routine bei feststehenden Tätigkeitsabläufen im Sinne der Entgeltgruppe 1) oder darum, die Arbeitsabläufe als solche zu beherrschen (etwa wenn verschiedenartige Details der Tätigkeit zu erfassen sind). Im letzteren Fall spricht der Umstand einer mehrtägigen Einarbeitungszeit regelmäßig gegen eine Einordnung als einfachste Tätigkeit. Muss der Mitarbeiter also angelernt werden, um Arbeitsabläufe zu beherrschen, liegen einfache Tätigkeiten vor. Das kann etwa der Fall sein, wenn dem Beschäftigten im Rahmen der Aufgaben ein eigenständiger, nicht gänzlich unbedeutender Entscheidungs- oder Verantwortungsbereich übertragen wurde. Auch kann der Umstand von Bedeutung sein, dass es im Einzelfall zur Durchführung der übertragenen Tätigkeit regelmäßig einer Abstimmung mit anderen Personen wie Beschäftigten oder Kunden bedarf (vgl. BAG 28.01.2009, 4 ABR 92/07, AP Nr. 37 zu § 99 BetrVG 1972).

3. Die eingehende fachliche Einarbeitung (Entgeltgruppe 3)

Entgeltgruppe 3

Beschäftigte, deren Tätigkeit sich dadurch aus der Entgeltgruppe 2 heraushebt, dass sie eine eingehende fachliche Einarbeitung erfordert.

Das Tätigkeitsmerkmal der Entgeltgruppe 3 entspricht dem Tätigkeitsmerkmal der Entgeltgruppe 3 Teil A Abschnitt I. Ziffer 2. Auch dort wird eine eingehende fachliche Einarbeitung gefordert. Auf die Ausführungen kann entsprechend verwiesen werden (siehe Kapitel 5.3).

4. Die Entgeltgruppe 4

Entgeltgruppe 4

1. **Beschäftigte, deren Tätigkeit sich dadurch aus der Entgeltgruppe 3 heraushebt, dass sie mindestens zu einem Viertel gründliche Fachkenntnisse erfordert.**

   (Gründliche Fachkenntnisse erfordern nähere Kenntnisse von Rechtsvorschriften oder näheres kaufmännisches oder technisches Fachwissen usw. des Aufgabenkreises.)

2. **Beschäftigte mit schwierigen Tätigkeiten.**

   ([1]Schwierige Tätigkeiten sind Tätigkeiten, die mehr als eine eingehende fachliche Einarbeitung im Sinne der Entgeltgruppe 3 erfordern. [2]Danach müssen Tätigkeiten anfallen, die an das Überlegungsvermögen oder das fachliche Geschick Anforderungen stellen, die über das Maß dessen hinausgehen, was üblicherweise von Beschäftigten der Entgeltgruppe 3 verlangt werden kann.)

Die Tätigkeitsmerkmale der Fallgruppe 1 (gründliche Fachkenntnisse) entsprechen dem Tätigkeitsmerkmal der Entgeltgruppe 5 Fallgruppe 2 TVöD-VKA. Für Entgeltgruppe 4 Fallgruppe 1 reicht im Unterschied zu Entgeltgruppe 5 Fallgruppe 2 ein geringerer Zeitanteil von 25 Prozent, ansonsten kann zur Anwendung des Tätigkeitsmerkmals an sich auf die folgenden Ausführungen zur Entgeltgruppe 5 Fallgruppe 2 verwiesen werden.

Das Tätigkeitsmerkmal der Entgeltgruppe 4 Fallgruppe 2 TVöD-VKA „schwierige Tätigkeiten" ist wortgleich mit dem der Entgeltgruppe 4 Fallgruppe 1 TV EntgO Bund. Die Erläuterung des Tätigkeitsmerkmals im Klammersatz zu Entgeltgruppe 4 Fallgruppe 2 TVöD-VKA unterscheidet sich jedoch zur Erläuterung gemäß Protokollerklärung Nr. 7 TV EntgO Bund:

Schwierige Tätigkeiten im Sinne des TVöD-VKA	**Schwierige Tätigkeiten im Sinne des TVöD-Bund**
[1]Schwierige Tätigkeiten sind Tätigkeiten, die mehr als eine eingehende fachliche Einarbeitung im Sinne der Entgeltgruppe 3 erfordern. [2]Danach müssen Tätigkeiten anfallen, die an das Überlegungsvermögen oder das fachliche Geschick Anforderungen stellen, die über das Maß dessen hinausgehen, was üblicherweise von Beschäftigten der Entgeltgruppe 3 verlangt werden kann. (Klammersatz zu Entgeltgruppe 4 Fallgruppe 2)	Schwierige Tätigkeiten sind solche, die mehr als eine eingehende Einarbeitung bzw. mehr als eine fachliche Anlernung im Sinne der Entgeltgruppe 3 erfordern, zum Beispiel durch einen höheren Aufwand an gedanklicher Arbeit. (Protokollerklärung Nr. 7 TV EntgO Bund)

Schwierige Tätigkeiten im Sinne der Entgeltgruppe 4 Fallgruppe 2 TVöD-VKA fordern gegenüber der Entgeltgruppe 3 ein „Mehr" als nur eine eingehende fachliche Einarbeitung. Die Tätigkeit erfordert demnach den Einsatz qualifizierterer Fähigkeiten im Vergleich zu den Tätigkeiten der Entgeltgruppe 3. Diese erhöhten Anforderungen können sich aus erhöhtem Überlegungsvermögen oder aus erhöhtem fachlichen Geschick ergeben.

Dabei bedeutet Überlegungsvermögen im Sinne des allgemeinen Sprachgebrauchs, dass die Tätigkeit vom Beschäftigten die Fähigkeit erfordert, sich selbst Gedanken darüber zu machen, wie konkret die übertragenen Aufgaben zu lösen sind. Er muss selbst entscheiden, wie er konkret vorgeht (vgl. Duden, S. 1801, 1895). Diese Selbständigkeit bei der Aufgabenlösung muss dann mit der Selbständigkeit verglichen werden, wie sie im Rahmen der Entgeltgruppe 3 durch die eingehende fachliche Einarbeitung gefordert werden kann.

Da es sich bei Entgeltgruppe 3 um Anlerntätigkeiten handelt, ist bei Entgeltgruppe 3 noch nicht davon auszugehen, dass der Beschäftigte überhaupt eigene Überlegungen zur Aufgabenlösung anstellen muss, da die Einarbeitung dazu dient, die vom Arbeitgeber vorgegebene Aufgabenlösung einzuüben. In diesem Sinne muss für die Entgeltgruppe 4 überhaupt die Notwendigkeit anfallen, dass der Beschäftigte selbst Wege zur Aufgabenlösung entwickeln muss.

Fachliches Geschick bedeutet hingegen, dass man im Arbeitsgebiet auch über praktische Fertigkeiten verfügt (vgl. Duden, S. 565, 709). Da die Entgeltgruppe 3 von einer fachlichen Einarbeitung ausgeht, können nur die Tätigkeiten erhöhtes fachliches Geschick begründen, für deren Ausführung die mit der Einarbeitung vermittelten praktischen Fertigkeiten allein nicht ausreichen.

Die Ausführungen verdeutlichen, dass das Tätigkeitsmerkmal der „schwierigen Tätigkeiten" nicht dem alten Tätigkeitsmerkmal der „schwierigeren Tätigkeiten" entspricht.

Wichtig: Anders als TVöD-Bund und TV-L geben die Tarifvertragsparteien des TVöD-VKA dem Tätigkeitsmerkmal der „schwierigen Tätigkeiten" eine eigene Begriffsklärung (siehe obige Tabelle), die eher den alten Arbeitermerkmalen entlehnt ist, denn den alten Tätigkeitsmerkmalen für die Angestellten. Zum anderen findet keinerlei Abgrenzung der Merkmale „schwierig" und „schwieriger" statt.

TV-L und TVöD-Bund haben hingegen mit einer eigenen Niederschriftserklärung eine entsprechende Abrenzung/Klarstellung vorgenommen:

Beispielkatalog zu Vergütungsgruppe VIII Fallgruppe 1a BAT	Entgeltgruppe 3	Entgeltgruppe 4
1. Mitwirkung bei der Bearbeitung laufender oder gleichartiger Geschäfte nach Anleitung	x	
2. Entwerfen von dabei zu erledigenden Schreiben nach skizzierten Angaben	x	
3. Erledigung ständig wiederkehrender Arbeiten in Anlehnung an ähnliche Vorgänge – auch ohne Anleitung –	x	
4. Führung von Karteien oder elektronischen Dateien, die nach technischen oder wissenschaftlichen Merkmalen geordnet sind oder deren Führung die Kenntnis fremder Sprachen voraussetzt		x

(vgl. Niederschriftserklärung zu Teil I, Entgeltgruppe 4 Fallgruppe 1 TVöD-Bund)

Praxis-Tipp:

Ob sich diese Auffassung der Tarifvertragsparteien in der Rechtsprechung zum TV-L bzw. TVöD-Bund durchsetzen wird, bleibt abzuwarten. Da der TVöD-VKA mit der vom TV-L und TVöD-Bund abweichenden Definition schwieriger Tätigkeiten ein eigenständiges Merkmal kreiert hat, ist zudem fraglich, ob überhaupt auf die Rechtsprechung zum TV-L bzw. TVöD-Bund zurückgegriffen werden kann.

5. Abgeschlossene Ausbildung und entsprechende Tätigkeiten vs. gründliche Fachkenntnisse (Entgeltgruppe 5)

§

Entgeltgruppe 5

1. **Beschäftigte mit erfolgreich abgeschlossener Ausbildung in einem anerkannten Ausbildungsberuf mit einer Ausbildungsdauer von mindestens drei Jahren und entsprechender Tätigkeit.**
2. **Beschäftigte, deren Tätigkeit gründliche Fachkenntnisse erfordert.**

   (Gründliche Fachkenntnisse erfordern nähere Kenntnisse von Rechtsvorschriften oder näheres kaufmännisches oder technisches Fachwissen usw. des Aufgabenkreises.)

6

Abgeschlossene Ausbildung und entsprechende Tätigkeiten

Die Entgeltgruppe 5 Fallgruppe 1 TVöD-VKA fordert eine abgeschlossene Ausbildung in einem anerkannten Ausbildungsberuf mit einer Ausbildungsdauer von mindestens drei Jahren und entsprechender Tätigkeit.

Bei der anerkannten (Berufs-)Ausbildung handelt es sich um ein subjektiv zu erfüllendes Tätigkeitsmerkmal: Die Vorbemerkung Nr. 2 spricht von „Tätigkeitsmerkmale(n) mit Anforderungen in der Person". Anerkannte Ausbildungsberufe sind gemäß Vorbemerkung Nr. 5:

§

Vorbemerkung Nr. 5

[1] ... nur solche, die auf der Grundlage des Berufsbildungsgesetzes bzw. der Handwerksordnung geregelt sind.

[2] Soweit in Tarifverträgen auf Landesebene bzw. im Tarifvertrag zu § 20 Abs. 1 BMT-G-O (Lohngruppenverzeichnis) Beschäftigte mit handwerklichen Tätigkeiten und verwaltungs- oder betriebseigener Prüfung Be-

schäftigten mit erfolgreich abgeschlossener Ausbildung gleichgestellt sind, bleiben diese Regelungen unberührt.

[3]Die im Bereich der jeweiligen kommunalen Arbeitgeberverbände bestehenden Richtlinien finden weiterhin Anwendung.

[4]In Tätigkeitsmerkmalen genannte Ausbildungsberufe umfassen auch die entsprechenden früheren Ausbildungsberufe vor Inkrafttreten der Anlage 1 – Entgeltordnung (VKA).

Rechtsgrundlagen für die Berufsausbildung im Sinne des Teils A Abschnitt I. Ziffer 3. ist das Berufsbildungsgesetz. Ausbildungen können sich darüber hinaus nach weiteren Vorschriften richten, insbesondere der Handwerksordnung und dem Krankenpflegegesetz (vgl. zum Krankenpflegegesetz Storsberg/Neumann/Neiheiser m. w. N. auf das ergänzende Prüfungsrecht).

Die Ausbildung muss nach der dazu ergangenen Ausbildungsordnung erfolgen (§ 4 BBiG). Als abgeschlossen im berufsbildungsrechtlichen Sinne gilt eine solche Ausbildung, wenn der Auszubildende die Prüfung vor der zuständigen Stelle erfolgreich bestanden hat (§ 37 BBiG).

6 Die entsprechende Tätigkeit als kumulativ (gleichzeitig) zu erfüllendes Tätigkeitsmerkmal ist objektiver Natur. Während das Vorliegen oder Nichtvorliegen einer abgeschlossenen Berufsausbildung in einem anerkannten Ausbildungsberuf regelmäßig nur in der Person des Arbeitnehmers begründet liegen kann, hängt das Erfordernis der entsprechenden Tätigkeiten von der Art der übertragenen Aufgaben ab. Es kann somit objektiv geprüft werden, ob der übertragene Aufgabenbereich auch die Anwendung der durch die Ausbildung erworbenen Kenntnisse, Fähigkeiten und Erfahrungen erfordert. Nicht ausreichend ist es, wenn das in der Ausbildung erworbene Wissen und Können lediglich nützlich oder wünschenswert ist. Es muss vielmehr notwendig sein. Erst wenn diese Bedingung erfüllt ist, handelt es sich um entsprechende Tätigkeiten im Tarifsinn (vgl. BAG 24.11.1999, 4 AZR 772/98, AP Nr. 11 zu § 51 TVAL II).

Eine entsprechende Tätigkeit liegt nur vor, wenn Ausbildung und auszuübende Tätigkeit in den – den Beruf prägenden – wesentlichen Einzelheiten übereinstimmen. Auszuübende Tätigkeit und Inhalt der Ausbildung müssen sich somit zu einem großen Teil überschneiden (vgl. BAG 24.01.2007, 4 AZR 28/06, AP Nr. 10 zu § 20 BMT-G II).

So belegen die Tätigkeiten eines Arbeiters (Gleiches gilt für den Teil A Abschnitt I. Ziffer 3. TVöD-VKA entsprechend für geistiges Tun; sog. Angestellte) auf einem eng begrenzten Teilgebiet eines Ausbildungsberufs (hier: demjenigen des Kraftfahrzeugmechanikers) regelmäßig nicht, dass die auszuübenden Tätigkeiten die abgeschlossene einschlägige Berufsausbildung erfordern (vgl. BAG 24.11.1999, 4 AZR 772/98, AP Nr. 11 zu § 51 TVAL II).

Praxis-Tipp:

Ob „entsprechende Tätigkeiten" vorliegen, kann anhand der jeweiligen Berufsbilder (Ausbildungs- und Prüfungsanforderungen) geprüft werden (vgl. BAG 27.08.2008, 4 AZR 484/07, AP Nr. 210 zu § 1 TVG Auslegung; BAG 28.09.1994, 4 AZR 830/93, AP Nr. 192; BAG 22.03.2000, 4 AZR 116/99, AP Nr. 275 beide zu §§ 22, 23 BAT 1975).

Gründliche Fachkenntnisse

Gründliche Fachkenntnisse gemäß Entgeltgruppe 5 Fallgruppe 2 TVöD-VKA erfordern nähere Kenntnisse von Rechtsvorschriften oder näheres kaufmännisches oder technisches Fachwissen usw. des Aufgabenkreises. Die Regelung knüpft grundsätzlich an das entsprechende Tätigkeitsmerkmal des BAT-VKA an, auch wenn der Klammersatz geändert wurde: 6

Gründliche Fachkenntnisse gemäß Klammersatz zu Entgeltgruppe 5 Fallgruppe 2 TVöD-VKA	Gründliche Fachkenntnisse gemäß Klammersatz zu Vergütungsgruppe VII Fallgruppe 1a BAT-VKA
Gründliche Fachkenntnisse erfordern nähere Kenntnisse von Rechtsvorschriften oder näheres kaufmännisches oder technisches Fachwissen usw. des Aufgabenkreises.	Gründliche Fachkenntnisse erfordern nähere Kenntnisse von Gesetzen, Verwaltungsvorschriften, Tarifbestimmungen usw. des Aufgabenkreises.

Da die Tarifvertragsparteien im Wesentlichen an der alten Definition festgehalten haben, kann auf die bestehende (BAG-)Rechtsprechung zurückgegriffen werden:

Danach besteht das Merkmal der gründlichen Fachkenntnisse aus einem qualitativen und einem quantitativen Element. Gründliche Fachkenntnisse sind Kenntnisse von nicht unerheblichem Ausmaß und nicht nur oberflächlicher Art (vgl. BAG 21.03.2012, 4 AZR 266/10, AP Nr. 317 zu §§ 22, 23 BAT 1975). Es werden nähere Fachkenntnisse verlangt. Diese Kenntnisse müssen erforderlich sein, das heißt sie müssen zur ordnungsgemäßen Erledigung der auszuübenden Tätigkeiten benötigt werden (vgl. BAG 31.07.2002, 4 AZR 129/01, AP Nr. 291 zu §§ 22, 23 BAT 1975).

Fachkenntnisse sind dabei all diejenigen Kenntnisse, die unerlässlich sind, um die übertragenen Aufgaben ordnungsgemäß erfüllen zu können (BAG 29.08.1984, 4 AZR 338/82, AP Nr. 94 zu §§ 22, 23 BAT 1975 m. w. N.; BAG 22.01.2003, 4 ABR 12/02, ZTR 2003, S. 454–457).

Die Fachkenntnisse müssen sich nicht auf Rechtsvorschriften und näheres kaufmännisches oder technisches Fachwissen beschränken, die lediglich als Beispiele dienen (siehe zur vergleichbaren Rechtslage im BAT: BAG 10.12.1997, 4 AZR 221/96, AP Nr. 237; BAG 21.03.2012, 4 AZR 266/10, AP Nr. 317; beide zu §§ 22, 23 BAT 1975). Fachkenntnisse liegen danach auch in folgenden Fällen vor:

- bautechnische Kenntnisse
  (vgl. BAG 20.10.1993, 4 AZR 45/93, AP Nr. 172 zu §§ 22, 23 BAT 1975)
- Kenntnisse der Betriebsorganisation, Beachtung umfangreicher Arbeits-/Dienstanweisungen
  (vgl. BAG 15.11.1995, 4 AZR 557/94, AP Nr. 209 zu §§ 22, 23 BAT 1975)
- Kenntnisse in den Bereichen Datenbeschaffung, Statistik, Kartografie
  (vgl. BAG 19.03.1986, 4 AZR 642/84, AP Nr. 116 zu §§ 22, 23 BAT 1975)
- grafisch-künstlerische Kenntnisse (z. B. Fotografie und Drucktechnik)
  (vgl. BAG 26.09.1979, 4 AZR 1008/77, AP Nr. 26; BAG 07.10.1981, 4 AZR 225/79, AP Nr. 49 beide zu §§ 22, 23 BAT 1975)
- handwerkliche, technische und warenkundliche Kenntnisse
  (vgl. BAG 03.06.1981, 4 AZR 118/78, AP Nr. 45; BAG 29.09.1982, 4 AZR 1172/79, AP Nr. 67 beide zu §§ 22, 23 BAT 1975)

- naturwissenschaftliche Kenntnisse
(BAG 28.04.1982, AP Nr. 62 zu §§ 22, 23 BAT 1975)
- Kenntnisse der englischen Sprache
(BAG 28.04.1982, 4 AZR 707/79, AP Nr. 62 zu §§ 22, 23 BAT 1975; LAG Hamm 06.03.2007, 12 Sa 1317/06)
- Kenntnisse hausinterner Betriebsanweisungen
(BAG 28.04.1982, 4 AZR 707/79, AP Nr. 62 zu §§ 22, 23 BAT 1975)
- pädagogische Kenntnisse
(vgl. BAG 31.03.1982, 4 AZR 1099/79, AP Nr. 64 zu §§ 22, 23 BAT 1975)
- physikalisch-chemisch-technische Kenntnisse
(vgl. BAG 28.05.1980, 4 AZR 461/78, AP Nr. 33 zu §§ 22, 23 BAT 1975)
- technische Kenntnisse
(vgl. BAG 16.10.1985, 4 AZR 149/84, AP Nr. 108 zu §§ 22, 23 BAT 1975)
- Kenntnisse auf dem Gebiet der Unfallverhütungsvorschriften und des Betriebs einer Tankstelle
(vgl. BAG 22.10.1986, 4 AZR 568/85, AP Nr. 126 zu §§ 22, 23 BAT 1975)
- wirtschaftlich-kaufmännische sowie technische Kenntnisse
(vgl. BAG 11.09.1985, 4 AZR 271/84, AP Nr. 107; BAG 16.04.1986, 4 AZR 595/84, AP Nr. 120 beide zu §§ 22, 23 BAT 1975)
- fachspezifische und entsprechende EDV-Anwender-Kenntnisse
(vgl. BAG 10.12.1997, 4 AZR 221/96, AP Nr. 237 zu §§ 22, 23 BAT 1975)
- Erfahrungswissen
(BAG 16.04.1997, 4 AZR 350/96; BAG 18.07.1990, 4 AZR 25/90, AP Nr. 151 zu §§ 22, 23 BAT 1975)

Grundkenntnisse, Allgemeinbildung oder sogenannte Schlüsselqualifikationen reichen aber nicht aus. Dazu zählen auch Fachkenntnisse, die sich nur auf sehr wenige einfachste Bestimmungen beziehen, die eher der Allgemeinbildung zuzurechnen sind (vgl. BAG 24.08.1983, 4 AZR 32/81, AP Nr. 78 zu §§ 22, 23 BAT 1975). Dementsprechend müssen gründliche Fachkenntnisse von (Grund-)

Kenntnissen, allgemeinen Fähigkeiten bzw. sogenannten Schlüsselqualifikationen abgegrenzt werden.

Gründliche Fachkenntnisse	Allgemeine Fähigkeiten, Schlüsselqualifikationen
Nähere Kenntnisse von Rechtsvorschriften oder näheres kaufmännisches oder technisches Fachwissen usw. des Aufgabenkreises (vgl. Klammersatz zu Entgeltgruppe 5 Fallgruppe 2)	Allgemeine Fähigkeiten, wie: ■ Organisations- und Verhandlungsgeschick ■ Geschäftsgewandtheit ■ besondere Zuverlässigkeit ■ Vertrauenswürdigkeit (Bauer/Bockholt, Rn. 228) Sog. Schlüsselqualifikationen, wie: ■ Innovations- und Umstellungsfähigkeit ■ Lernbereitschaft und -fähigkeit ■ soziale Kompetenz und Kooperationsfähigkeit ■ Kreativität (vgl. Mentzel, S. 172)

Auf die Art der Kenntnisse und darauf, woher der Arbeitnehmer sie bezogen hat, kommt es somit nicht an (vgl. BAG 29.08.1984, 4 AZR 338/82, AP Nr. 94 zu §§ 22, 23 BAT 1975).

Wichtig: Zu beachten ist aber ggf. die Ausbildungs- und Prüfungspflicht gemäß Vorbemerkung Nr. 7 (vgl. Kapitel 3.4).

6. Vielseitige Fachkenntnisse (Entgeltgruppe 6)

§

Entgeltgruppe 6

Beschäftigte der Entgeltgruppe 5 Fallgruppe 1, deren Tätigkeit gründliche und vielseitige Fachkenntnisse erfordert, sowie

Beschäftigte der Entgeltgruppe 5 Fallgruppe 2, deren Tätigkeit vielseitige Fachkenntnisse erfordert.

([1]Die gründlichen und vielseitigen Fachkenntnisse brauchen sich nicht auf das gesamte Gebiet der Verwaltung (des Betriebes), bei der die/der Beschäftigte tätig ist, zu beziehen. [2]Der Aufgabenkreis der/des Beschäftigten muss aber so gestaltet sein, dass er nur beim Vorhandensein gründlicher und vielseitiger Fachkenntnisse ordnungsgemäß bearbeitet werden kann.)

Gründliche und vielseitige Fachkenntnisse erfordern gegenüber den gründlichen Fachkenntnissen eine Erweiterung der Kenntnisse dem Umfang nach. Diese Umfangssteigerung kann sich grundsätzlich auf zwei Wegen ergeben:

1. aufgrund der Menge der anzuwendenden Vorschriften und Bestimmungen oder
2. der Verschiedenartigkeit der sich aus einem Fachgebiet stellenden Anforderungen.

(vgl. BAG 21.03.2012, 4 AZR 266/10, AP Nr. 317 zu §§ 22, 23 BAT 1975 m. w. N. auf die ständige Rechtsprechung des BAG)

Der erste Weg bedeutet, dass der Arbeitnehmer zahlreiche gesetzliche Einzelbestimmungen, Erlasse, Verfügungen, Dienstanweisungen etc. zur Aufgabenlösung kennen und anwenden können muss (vgl. BAG 29.08.1984, 4 AZR 338/82, AP Nr. 94; BAG 28.09.1994, 4 AZR 542/93, AP Nr. 185; BAG 15.11.1995, 4 AZR 557/94, AP Nr. 209 alle zu §§ 22, 23 BAT 1975 m. w. N.).

6

Wichtig: Dabei ist zu beachten, dass die Steigerung der Fachkenntnisse dem Umfang nach – in Abgrenzung zu gründlichen Fachkenntnissen, die ebenfalls bereits einen gewissen Umfang erfordern – kein reiner Zählvorgang ist, sondern eine Frage des inhaltlichen Umfangs der Fachkenntnisse insgesamt (vgl. BAG 28.09.1994, 4 AZR 542/93, AP Nr. 185 zu §§ 22, 23 BAT 1975).

Beim zweiten Weg kann die Vielseitigkeit auch dann gegeben sein, wenn das Arbeitsfeld des Mitarbeiters nur auf ein einzelnes, abgegrenztes Teilgebiet beschränkt ist. Dabei darf es sich jedoch nicht nur um ein eng abgegrenztes Teilgebiet mit etwa nur routinemäßiger Bearbeitung handeln (vgl. BAG 21.03.2012, 4 AZR 266/10, AP Nr. 317 zu §§ 22, 23 BAT 1975 m. w. N. auf die ständige Rechtsprechung des BAG). Routinemäßige Bearbeitung im Sinne des allgemeinen Sprachgebrauchs bedeutet, „in der selben Art regelmäßig wiederkehrend" (Duden, S. 1480).

Die Erweiterung der gründlichen Fachkenntnisse dem Umfang nach bedeutet also konkret: Die Fachkenntnisse müssen im Hinblick auf ihre Mannigfaltigkeit und Unterschiedlichkeit hin gesteigert sein (vgl. LAG Rheinland-Pfalz 21.06.2001, 4 Sa 1612/00, zit. nach Hofmann/Reidelbach, G 523, S. 5, 6).

Auch bloßes Erfahrungswissen, das heißt aufgrund beruflicher Erfahrung gewonnenes Wissen, kann gründliche und vielseitige Fachkenntnisse begründen (vgl. BAG 29.08.1984, 4 AZR 338/82, AP Nr. 94 zu §§ 22, 23 BAT 1975; BAG 18.07.1990, 4 AZR 25/90, AP Nr. 151 zu §§ 22, 23 BAT 1975; BAG 16.04.1997, 4 AZR 350/96).

Praxis-Tipp:

Nicht zum Erfahrungswissen zählen:

- bloße Lebenserfahrung, die unabhängig von der speziellen Tätigkeit des Arbeitnehmers erworben wird
- Allgemeinwissen

Auf die Art der Kenntnisse und darauf, woher der Arbeitnehmer sie bezogen hat, kommt es somit nicht an (vgl. BAG 29.08.1984, 4 AZR 338/82, AP Nr. 94 zu §§ 22, 23 BAT 1975).

Nachfolgend zwei Beispiele für gründliche und vielseitige Fachkenntnisse:

Praxis-Beispiel 1:

Sachbearbeiter im städtischen Ordnungsdienst

Ein Sachbearbeiter im städtischen Ordnungsdienst, der im Rahmen von „Streifengängen" die ordnungsrechtlichen Normen durchzusetzen hat, erfüllt die Anforderungen an gründliche und vielseitige Fachkenntnisse. Diese ergeben sich aus den anzuwendenden Rechtsvorschriften aus dem Zuständigkeitsbereich des bezirklichen Ordnungsdienstes, insbesondere des Gefahrenabwehr- und Vollstreckungsrechts. Die Zuständigkeitsanordnung vom 15.04.2008 listet für den bezirklichen Ordnungsdienst 19 Gesetze bzw. Verordnungen als gesetzliche Grundlagen der Tätigkeit auf.

(BAG 21.03.2012, 4 AZR 266/10, AP Nr. 317 zu §§ 22, 23 BAT 1975)

Praxis-Beispiel 2:

Wohngeldsachbearbeitung

Gründliche und vielseitige Fachkenntnisse sind bei der Wohngeldsachbearbeitung (Erst- und Folgeanträge) gegeben. Sie ergeben sich aus den anzuwendenden Kenntnissen des Wohngeldrechts, mehreren Büchern des Sozialgesetzbuchs, Teilen des BGB, des Einkommensteuer- und des Ordnungswidrigkeitenrechts sowie des Kindergeldrechts. Die Verwendung von Antragsformularen schließt die Notwendigkeit Rechtskenntnisse anzuwenden ebenso wenig aus, wie die Verwendung eines EDV-Programms zur Überwachung von Fristen und Zahlungen sowie zur Erstellung von Bescheiden. Das gilt auch hinsichtlich zusätzlicher Verwaltungsvorschriften.

(BAG 23.09.2009, 4 AZR 308/08, AP Nr. 40 zu §§ 22, 23 BAT-O m. w. N.)

7. Die selbständigen Leistungen ab Entgeltgruppe 7

6

§

Entgeltgruppe 7

Beschäftigte der Entgeltgruppe 6, deren Tätigkeit mindestens zu einem Fünftel selbständige Leistungen erfordert.

Entgeltgruppe 8

Beschäftigte der Entgeltgruppe 6, deren Tätigkeit mindestens zu einem Drittel selbständige Leistungen erfordert.

Entgeltgruppe 9a

Beschäftigte der Entgeltgruppe 6, deren Tätigkeit selbständige Leistungen erfordert.

(Selbständige Leistungen erfordern ein den vorausgesetzten Fachkenntnissen entsprechendes selbständiges Erarbeiten eines Ergebnisses unter Entwicklung einer eigenen geistigen Initiative; eine leichte geistige Arbeit kann diese Anforderung nicht erfüllen.)

Der TVöD-VKA übernimmt die Regelung des BAT-VKA.

Wichtig: Die Entgeltgruppen 7 bis 9a TVöD-VKA unterscheiden sich lediglich hinsichtlich des zeitlichen Umfangs:

Selbständige Leistungen und Zeitanteile		
Entgelt-gruppe	**Zeitanteil**	**in Prozent**
7	ein Fünftel	20
8	ein Drittel	33,33
9a	die Hälfte (ohne ausdrückliche Benennung; siehe § 12 Abs. 2 Satz 2 TVöD-VKA)	50

Begriffsklärung

Selbständige Leistungen erfordern – entsprechend den hier vorausgesetzten gründlichen und vielseitigen Fachkenntnissen – ein eigenständiges Erarbeiten eines Arbeitsergebnisses unter Entwicklung einer eigenen geistigen Initiative. Eine leichte geistige Arbeit kann diese Anforderung nicht erfüllen (Klammersatz zu Entgeltgruppe 7 bis 9a). Somit sind „selbständige Leistungen" klar zu trennen vom „selbständigen Arbeiten". Das liegt vor, wenn eine Tätigkeit ohne direkte Aufsicht oder Lenkung durch Weisungen erledigt wird. Im Gegensatz dazu ist eine selbständige Leistung dann anzunehmen, wenn eine Gedankenarbeit bezüglich

6

- des einzuschlagenden Wegs (Arbeitsmethoden, -gestaltung) und insbesondere
- des zu findenden Arbeitsergebnisses

erbracht wird, die eine eigene Beurteilung und Entschließung (Entscheidung) erfordert (vgl. BAG 21.03.2012, 4 AZR 279/10, AP Nr. 319; BAG 10.12.1997, 4 AZR 350/96, AP Nr. 235 beide zu §§ 22, 23 BAT 1975 m. w. N.).

Selbständige Leistungen sind demnach zunächst dadurch gekennzeichnet, dass im Rahmen der Aufgabenlösung durch den Mitarbeiter eine eigene Gedankenarbeit zu erbringen ist. Es sind Abwägungsprozesse erforderlich, die entsprechende Anforderungen an das Überlegungsvermögen stellen: Es müssen unterschiedliche Informationen (Fachwissen auf der einen, der damit zu lösende Fall auf der anderen Seite) verknüpft werden. Mittels eines Abwägens kommt der Beschäftigte dann zu einer Entscheidung, wie der jeweilige Fall gelöst werden könnte (vgl. BAG 15.11.1995, 4 AZR 557/94, AP Nr. 209; BAG 10.12.1997, 4 AZR 350/96, AP Nr. 235; BAG 22.04.2009, 4 AZR 166/08, AP Nr. 311; BAG 21.03.2012, 4 AZR 279/10, AP Nr. 319 alle zu §§ 22, 23 BAT 1975; BAG 14.12.2005, 4 AZR 560/04).

Der Beschäftigte muss sich somit im Rahmen der inhaltlichen Aufgabenerfüllung fragen:

- Wie geht es nun weiter?
- Worauf kommt es als Nächstes an?
- Was muss zweckmäßigerweise als Nächstes geschehen?

(vgl. BAG 10.12.1997, 4 AZR 350/96, AP Nr. 235 zu §§ 22, 23 BAT 1975)

Deshalb muss das Aufgabengebiet eine gewisse Eigenständigkeit besitzen (vgl. BAG 23.02.1983, 4 AZR 222/80, AP Nr. 70; BAG 23.11.1994, 4 AZR 873/93, AP Nr. 190 beide zu §§ 22, 23 BAT 1975).

Praxis-Tipp:

Der Arbeitnehmer muss ohne Detailvorgaben, das heißt ohne Lenkung der Aufgaben durch (Einzel-)Anweisungen des Vorgesetzten, arbeiten.

Kennzeichen selbständiger Leistungen im tariflichen Sinne ist damit – ohne Bindung an verwaltungsrechtliche Fachbegriffe – ein wie auch immer gearteter

- Ermessensspielraum
- Entscheidungsspielraum
- Gestaltungsspielraum oder
- Beurteilungsspielraum

bei der Erarbeitung eines Arbeitsergebnisses (vgl. BAG 14.08.1985, 4 AZR 21/84, AP Nr. 109; BAG 21.03.2012, 4 AZR 279/10, AP Nr. 319 beide zu §§ 22, 23 BAT 1975).

Erforderlich ist ein Spielraum, für den nicht die verwaltungsrechtlichen Definitionen gelten. Vielmehr kommt es auf einen Ermessensspielraum, Entscheidungsspielraum, Gestaltungsspielraum oder Beurteilungsspielraum im Sinne des allgemeinen Sprachgebrauchs an:

Danach ist ein Spielraum gekennzeichnet durch einen gewissen freien Raum, der den ungehinderten Ablauf, das ungehinderte Funktionieren von etwas ermöglicht/gestattet (vgl. Duden, S. 1655).

Dementsprechend liegt ein Ermessensspielraum vor, wenn ein Spielraum für Entscheidungen nach eigenem Ermessen besteht. Der Begriff des Ermessens umfasst dabei eine Einschätzung und Beurteilung sowie eine Entscheidung, die auf einem eigenen Urteil basiert (vgl. Duden, S. 542). Als Urteil ist in diesem Zusammenhang eine prüfende, kritische Beurteilung bzw. eine abwägende Stellungnahme zu verstehen (vgl. Duden, S. 1871).

Das Entscheiden (im Sinne des Entscheidungsspielraums) umfasst zwei alternative Aspekte:

- Bei Zweifelsfällen gehören zum Entscheiden das Klären des Sachverhalts und ein Urteil darüber zu fällen sowie anordnend zu bestimmen.
- In allen anderen Fällen liegt eine Entscheidung im Sinne des allgemeinen Sprachgebrauchs vor, wenn in Bezug auf etwas der Ausschlag zu geben ist bzw. nach Prüfung und Vergleich bzw. kurzem Besinnen aus einer von mehreren Möglichkeiten eine Wahl zu treffen ist (vgl. Duden, S. 525).

Das Gestalten (im Sinne des Gestaltungsspielraums) bedeutet, einer Sache eine bestimmte Form oder ein bestimmtes Aussehen zu geben (vgl. Duden, S. 720).

Eine Beurteilung liegt vor, wenn über jemanden oder über etwas ein Urteil abzugeben ist (vgl. Duden, S. 308).

Über diese Handlungsspielräume hinaus ist es nicht erforderlich, dass dem Arbeitnehmer die Unterschriftsbefugnis für seine Arbeitsleistungen obliegt (vgl. BAG 14.02.1979, 4 AZR 414/77, AP Nr. 15 zu §§ 22, 23 BAT 1975).

Steht das Arbeitsergebnis aber von vornherein fest, liegen keine selbständigen Leistungen vor (BAG 23.02.1983, 4 AZR 222/80, AP Nr. 70; BAG 23.11.1994, 4 AZR 873/93, AP Nr. 190 beide zu §§ 22, 23 BAT 1975). Das ist etwa der Fall, wenn das zu erarbeitende Arbeitsergebnis durch die Formenstrenge des Arbeits-/Rechtsgebiets genau vorgezeichnet ist (vgl. Sächs. LAG 27.11.2002, 2 Sa 572/01; LAG Rheinland-Pfalz 02.03.2016, 7 Sa 343/15, beide zit. nach www.personalpraxis24.de) bzw. zahlreiche, stark differenzierte Formulare zur Aufgabenlösung zu benutzen sind (BAG 25.11.1981, 4 AZR 305/79, AP Nr. 51 zu §§ 22, 23 BAT 1975).

Checkliste: Prüfkriterien für selbständige Leistungen

- Bestehen Vorgaben zum einzuschlagenden Arbeitsweg (Arbeitsmethoden, -gestaltung)?
- Steht das Arbeitsergebnis von vornherein fest oder ist es selbst und frei von inhaltlichen Detailvorgaben zu ermitteln?
- Welche Handlungsmöglichkeiten (und nicht Alternativen) bestehen bei der Ermittlung des Arbeitsergebnisses konkret?

Wie diese Grundaussagen in der Praxis geprüft werden können, verdeutlichen folgende Beispiele aus der Rechtsprechung:

Beispiele zu selbständigen Leistungen auf Basis gründlicher und vielseitiger Fachkenntnisse

Fortführung des Praxis-Beispiels 1:

Sachbearbeiter im städtischen Ordnungsdienst

Ein Sachbearbeiter im städtischen Ordnungsdienst erbringt im Rahmen seiner „Streifendiensttätigkeit" selbständige Leistungen: Die im Rahmen des Arbeitsvorgangs „Streifengang" zu erbringenden Tätigkeiten dienen der Durchsetzung der bei der Beklagten bestehenden ordnungsrechtlichen Normen. Dies erfordert regelmäßig, dass der Mitarbeiter Ermessensentscheidungen unter Verknüpfung und Abwägung unterschiedlicher Informationen zu treffen hat, ob und ggf. welche Maßnahmen im Einzelfall zu ergreifen sind (Entscheidung über Maßnahmen zur Gefahrenabwehr und der Verhinderung oder Beseitigung von Ordnungswidrigkeiten). So kann ohne die selbständige Leistung kein brauchbares Arbeitsergebnis (Durchsetzung ordnungsrechtlicher Normen) erzielt werden. Damit liegen selbständige Leistungen in rechtserheblichem Umfang vor.

(BAG 21.03.2012, 4 AZR 266/10, AP Nr. 317 zu §§ 22, 23 BAT 1975)

Praxis-Beispiel 3:

Sachbearbeiter Kassen- und Mahnwesen eines Stadtwerks

Das LAG hatte – aufbauend auf gründlichen und vielseitigen Fachkenntnissen – selbständige Leistungen bei der bewertungsrelevanten Tätigkeit:

Einleitung und Durchführung des gerichtlichen Mahnverfahrens,... Klageverfahren mit Streitwerten bis 5000 DM vor dem AG und einstweilige Anordnungen sowie Teilnahme an Gerichtsterminen in Anwaltsprozessen

anerkannt, die das BAG wie folgt ablehnte:

1. *LAG-Begründung*: Er müsse in eigener Verantwortung einen Sachverhalt feststellen und unter die einschlägigen gesetzlichen Bestimmungen subsumieren. Es stehe in seiner Entscheidung, ob er ein Mahnverfahren einleite oder zum Beispiel ein Klageverfahren.

   BAG-Ablehnung: Zwar entscheidet der Sachbearbeiter darüber, ob er ein Mahnverfahren oder ob er ein Klageverfahren einleitet. Dies aber nach eigenem Vortrag nicht in dem Sinne, ob das Mahnverfahren ausreicht, etwa weil die Forderung unstreitig ist, oder ob gleich Klage eingereicht wird, weil die Forderung streitig ist, der Sachbearbeiter aber von dem Bestreiten oder Leugnen des Gegners nichts hält. Vielmehr wählt er das Klageverfahren, weil nach seinem Vortrag das Mahnverfahren in seiner mechanisierten Form (noch) nicht zeitnah funktioniere, so dass ein Klageverfahren schneller zu einem vollstreckbaren Titel führe, auch wenn die Forderung unstreitig sei. Das ist eine reine Zweckmäßigkeitserwägung.

2. *LAG-Begründung*: Das formularmäßige Ausfüllen des Mahnbescheids stelle nur das Ergebnis der zuvor erforderlichen eigenständigen Subsumtion des Sachverhaltes unter die vorgegebenen Bestimmungen und die Prüfung der Erfolgsaussichten eines gerichtlichen Vorgehens gegen den jeweiligen Schuldner dar.

   BAG-Ablehnung: Ein Bezug zu den vom Sachbearbeiter zu verfolgenden Forderungen aus Energielieferung wird (durch das LAG) nicht hergestellt. Die Revision weist zutreffend darauf hin, dass sich der Sachbearbeiter auch vor Anstrengung des Mahnverfahrens oder vor Klageerhebung keine Gedanken über die Erfolgsaussichten eines gerichtlichen Vorgehens gegen den jeweiligen Schuldner zu machen hat, da die Sachverhalte eindeutig sind: Die Schuldner haben Energie bezogen und nicht bezahlt. Es wird also **keine Beurteilung** dahin vorgenommen, ob die Forderung besser ausgebucht wird oder ob als nächster Schritt ein Mahn- oder Klageverfahren eingeleitet wird.

3. *LAG-Begründung*: Die Tätigkeit des Sachbearbeiters im Rahmen der Mahnverfahren sei keinesfalls schematisch. Der Sachbearbeiter müsse sich eigene Gedanken machen, in welcher Höhe er Hauptforderung und Nebenforderung geltend machen wolle, worauf er die Ansprüche stützen wolle und gegen wen er sie geltend machen wolle. Dabei sei er auf die Kenntnisse der einschlägigen Gesetzesbestimmungen und Verordnungen angewiesen. Das Mahnantragsformular setze diese Kenntnisse voraus und nehme dem Sachbearbeiter damit die zu treffende Vorentscheidung hinsichtlich der Anspruchsgrundlagen und der Erfolgsaussichten nicht ab.

   BAG-Ablehnung: Der Sachbearbeiter verfolgt nicht bezahlte Forderungen aus Energielieferungen. Die Nebenforderungen, wie Mahnkosten und Verzugszinsen, ergeben sich aus dem jeweiligen Vorgang. Es wurde nicht vorgetragen, dass der Sachbearbeiter darüber befindet, ob und welche Nebenforderungen geltend gemacht werden, er also insoweit die **Weichen stellt** und etwa deswegen, um einen Schuldner zu schonen, nur die Hauptforderung verfolgt. Der Sachbearbeiter hat sich auch nicht die Anspruchsgrundlage zu überlegen. Er hat lediglich den Rechtsgrund anzugeben: Forderung aus Energielieferung (Energielieferungsvertrag). Er entscheidet auch nicht darüber, gegen wen der Mahnbescheid, die Klage gerichtet wird. Das ergibt sich aus der offenstehenden Rechnung über Energielieferung. Dass dies in nennenswertem Umfang anders ist, hat der Sachbearbeiter nicht vorgetragen, zum Beispiel weil er die gesetzlichen Erben nach Versterben des Energiebeziehers ermittle und wie er tätig werde.

4. *LAG-Begründung*: Auch bei Klageverfahren und der Durchführung der Vollstreckungsverfahren erbringe der Sachbearbeiter eigenständige gedankliche Arbeit, wobei die Klageverfahren noch eine höhere gedankliche Arbeit erforderten.

   BAG-Ablehnung: Dass der Sachbearbeiter das zu findende Arbeitsergebnis unter Entwicklung einer **eigenen geistigen Initiative** erarbeitet, ist nicht erkennbar. Insoweit fehlt es am Vortrag. Immerhin wäre es denkbar, dass dies bei der Zwangsvollstreckung der Fall ist. So ermitteln findige Mitarbeiter im Rahmen der Zwangsvollstreckung Vermögenswerte des jeweiligen Schuldners, auf die zurückgegriffen werden kann, zum Beispiel Forderungen aus Arbeitsleistung, Steuerrückzahlungsansprüche, Beteiligungen an Gesellschaften, Ein- oder Durchfuhr von Eigentum des Schuldners ins Inland bzw. Ausland usw. Insoweit fehlt es indes an jedwedem Vortrag, der auszumachen vermöchte, dass der Sachbearbeiter insoweit selbständige Leistungen erbringt.

Darüber hinaus setzte sich das BAG mit diesen zusätzlichen Argumenten des Sachbearbeiters auseinander:

6

1. *Sachbearbeiter*: Er müsse als Sachbearbeiter eine Forderung realisieren, die ggf. mit Einwänden behaftet sein könne (unter Umständen falscher Tarif, falsch abgelesen und/oder falscher Adressat), der vermeintliche Gegenansprüche des Kunden entgegenstehen könnten und/oder die mangels Zahlungswilligkeit oder -fähigkeit des Kunden mit den gesetzlich vorgesehenen Zwangsmitteln (die eine erhebliche Bandbreite hätten) durchsetzen.

   BAG: Um dies als selbständige Leistung bewerten zu können, fehlt es an einem entsprechenden Sachvortrag, dass und inwieweit solche Fälle vorkommen und wie der Sachbearbeiter dann trotz mehrerer gegebener Möglichkeiten vorgeht, um das Arbeitsziel, die Durchsetzung der Forderungen aus Energielieferung, zu erreichen.

2. *Sachbearbeiter*: Nicht selten sei es auch seine Aufgabe, Teilzahlungsvergleiche oder ähnliche Zahlungsvereinbarungen mit Schuldnern vorgerichtlich oder auch nach Vorliegen eines Vollstreckungstitels herbeizuführen, um auch ggf. aus-

sichtslos erscheinende Beitreibungen erfolgreich zu Ende zu führen.

BAG: Zahlungsvereinbarungen vor Einleitung von Mahn- oder Klageverfahren gehören nicht zur Teilaufgabe „Einleitung und Durchführung des gerichtlichen Mahnverfahrens ..., Klageverfahren ...", die das LAG allein zum Gegenstand seiner Betrachtung gemacht hat. Da sie aber durchaus zu einem großen Arbeitsvorgang „Durchsetzung von Forderungen aus Energielieferung" zu rechnen sind, fehlt es insoweit an jedwedem Vortrag, worin die selbständige Leistung besteht: Welche Wege und Möglichkeiten stehen dem Sachbearbeiter offen? Mit welchen Überlegungen stellt er wie die Weichen, um bei der Realisierung der Forderungen das Optimale für die Stadtwerke herauszuholen?

Auch mangelte es an Entscheidungskompetenzen als Indiz für selbständige Leistungen. Das Gericht führte dazu aus, dass durch den Sachbearbeiter nicht belegt wurde, dass er allein entscheidet, ob, **wann und auf welche Weise** eine vermeintlich zustehende Forderung außergerichtlich und/oder gerichtlich geltend gemacht und beigetrieben wird. Das BAG ging weiter davon aus, dass nicht angenommen werden kann, dass es im Belieben des Sachbearbeiters steht, ob er einer Forderung nachgeht oder nicht. Dem dürfte schon entgegenstehen, dass die Stadtwerke als Arbeitgeber selbst gehalten sind, alles zu tun, um ihre Forderungen aus Energielieferung im Interesse aller Bürger zu realisieren, von der Rechnungsprüfung einmal ganz abgesehen. Weiterhin wird aus dem Vortrag des Sachbearbeiters nicht klar, dass und inwiefern er nach welchen Kriterien „überhaupt" entscheidet, ob beispielsweise bei bekannter Mittellosigkeit sogenannter „Wiederholungstäter" es in einem vernünftigen Kosten- bzw. Nutzenverhältnis stehe, kostenträchtige gerichtliche und vollstreckungsrechtliche Zwangsmaßnahmen einzuleiten und/oder ob es ggf. sinnvoll ist, Strafanzeige gegen derartige „Mehrfachkunden" zu erstatten (vgl. BAG 28.09.1994, 4 AZR 542/93, AP Nr. 185 zu §§ 22, 23 BAT 1975).

Praxis-Beispiel 4:

Verwaltung, Wartung und Reparatur technischer Geräte in einer Schule

Bei keiner der dem Stelleninhaber übertragenen Tätigkeiten erkannte das BAG selbständige Leistungen an:

1. Tätigkeit: Führung der Mediothek

a) Mit- und Umschnitte von Schulfunk- und Fernsehsendungen auf Ton- und Bildträger

b) Herstellung von Ton- und Bildaufnahmen bei Schulveranstaltungen (z. B. Theateraufführungen, Konzerte, Schulfeste)

c) Archivieren und Verwalten von a) und b) (Entwicklung eines Verleihsystems)

d) Koordination der Beschaffung von Leerkassetten

e) Reparaturen defekter Bild- und Tonträger

Begründung des BAG: Eine **Gedankenarbeit** ist bei dem Führen der Mediothek nicht erforderlich. Der Stelleninhaber entscheidet nicht selbst, ob und welche Schulfunk- und Fernsehsendungen bzw. Schulveranstaltungen er aufzeichnet. Unerheblich ist, dass er beim Filmen von Schulveranstaltungen selbst Szenen auswählen kann. Dabei wird nicht in einem solchen Umfang eine eigene geistige Initiative verlangt, wie es in der Entgeltgruppe 7 vorausgesetzt ist. Eine nennenswerte Gedankenarbeit unter Einsatz der vorausgesetzten Fachkenntnisse ist nicht erforderlich. Auch das Archivieren und Verwalten von Ton- und Bildträgern sowie die Beschaffung von Leerkassetten verlangt keine eigene Gedankenarbeit. Es handelt sich um regelmäßig wiederkehrende Routinearbeiten. Ob dem Stelleninhaber bei der Entwicklung des Verleihsystems ein eigener Entscheidungsspielraum zustand, lässt sich nicht abschließend entscheiden, da er nicht dargelegt hat, wie das System aufgebaut ist und welche Entscheidung er hierbei getroffen hat. Soweit der Stelleninhaber defekte Bild- und Tonträger repariert, lässt dies ebenfalls nicht den Schluss auf eine eigene geistige Arbeit zu, da nicht klar wird, welche Schäden und Fehler auftreten und welche Reparaturmöglichkeiten dementsprechend in Betracht kommen. Hierzu hätte dargelegt werden müssen, inwiefern die Tätigkeit ausgehend von den vorausgesetzten Fachkenntnissen eigene Gedankenarbeit erfordert.

2. Tätigkeit: Verwaltung und Wartung aller audiovisueller Geräte

a) Koordination der Neuanschaffungen (technische Beratung aufgrund von Schulungen der Landesbildstelle)

b) Aufstellen und Installieren der Geräte sowie Einweisung der Lehrkräfte und Hilfestellung bei der Handhabung

c) Regelmäßige Kontrolle und Wartung der in Klassenräumen aufgestellten Geräte (eigene Entwicklung von Sicherheitseinrichtungen gegen Diebstahl sowie Schutzvorrichtungen gegen Beschädigungen)

d) Verwaltung, Wartung und Bereitstellung von Leihgeräten

e) Durchführung von Reparaturen oder ggf. Weiterleitung an die Landesbildstelle oder Fachfirmen

f) Vorratshaltung an Ersatzteilen (Sicherungen, Ton- und Projektionslampen)

g) Begründung von Absetzungsanträgen

Begründung des BAG: Auch hier fehlt es am notwendigen Entscheidungsspielraum. Die technische Beratung bei Neuanschaffungen beschränkt sich auf die Weitergabe von Wissen, das der Stelleinhaber u. a. auf Schulungen der Landesbildstelle erworben hat. Die Installation und der Einsatz der Geräte sind weitgehend durch Bedienungsanleitungen vorgegeben. Es ist nicht erkennbar, dass hierbei in nennenswertem Umfang gedankliche Arbeit anfällt. Gleiches gilt für die Kontrolle und Wartung der in den Klassenräumen aufgestellten Geräte. Bei der Wartung technischer Geräte handelt es sich regelmäßig um festgelegte wiederkehrende Tätigkeiten, die zum Teil durch den Hersteller vorgegeben sind. Ein eigener Entscheidungsspielraum des Stelleninhabers ist nicht ersichtlich. Soweit er sich auf die Entwicklung von Vorrichtungen gegen Diebstahl und Beschädigung beruft, hätte er näher darlegen müssen, wie diese Vorrichtungen konstruiert sind und welche gedankliche Arbeit hierzu erforderlich ist. Ebenso hätte er zur Reparatur audiovisueller Geräte näher ausführen müssen, welche Fehler und Schäden auftreten, welche Reparaturmaßnahmen in Betracht kommen und welche Überlegungen er hierbei anstellen muss. Welche Geräte er selbst repariert und welche er an die Landesbildstelle oder Fachfirmen weiterleitet, entscheidet der Stelleninhaber nach seinen eigenen Fähigkeiten und den zur Verfügung stehenden Reparaturmitteln. Die **Entscheidungsmöglichkeiten stehen** somit **fest**. Eine eigene geistige Initiative wird nicht verlangt. Das gilt ebenso bei der Verwaltung, Wartung und Bereitstellung von Leihgeräten sowie der Vorratshaltung an Ersatzteilen. Hinsichtlich der Begründung von Absetzungsanträgen hat der Stelleninhaber nicht näher dargelegt, welche gedankliche Arbeit hierbei von ihm verlangt wird.

3. Tätigkeit: Druck- und Kopierarbeiten

a) Wartung und Betreuung von vier Kopierautomaten, drei Umdruckern, Heftmaschine und Stapelschneider

b) Kontrolle des Materialverbrauchs, Vorratshaltung und Bemessung des Jahresbedarfs

c) Verwaltung des Kopiervolumens der Lehrkräfte (Kostenstellenzähler). Der Mitarbeiter programmiert das Kostenstellenzählersystem und verwaltet 90 Benutzercodes.

d) Erstellen von Folienkopien für Overheadprojektoren, Stapelaufträgen, Broschüren und Umdruckaufträgen

Begründung des BAG: Soweit der Stelleninhaber an Druck- und Kopierautomaten tätig ist, handelt es sich ebenfalls nicht um selbständige Leistungen im Tarifsinne. Ein eigener **Entscheidungsspielraum** ist nicht eröffnet. Im Wesentlichen liegen den Tätigkeiten genaue Anweisungen zugrunde, zum Beispiel bei Umdruckaufträgen und der Verwaltung des Kopiervolumens der Lehrkräfte.

4. Tätigkeit: Aufstellung und Koordination von audiovisuellen Anlagen bei schulischen Veranstaltungen

a) Installation der ELA-Anlagen

b) Bedienungen der ELA-Anlagen und Bühnenbeleuchtung

Begründung des BAG: Auch hier fehlen Aussagen, in welchem Umfang gedankliche Arbeit notwendig ist. Insofern hätte der Stelleninhaber näher ausführen müssen, welche Komplikationen die Installation derartiger Anlagen mit sich bringt und **welche Entscheidungen** hierzu getroffen werden müssen. Auch ist nicht ersichtlich, dass sich der Stelleninhaber bei der Installation ständig an geänderte Raumverhältnisse anpassen muss und deshalb gezwungen wäre, die Art und Weise der Aufstellung ständig neu zu überdenken.

5. Tätigkeit: Arbeiten im naturwissenschaftlichen Bereich: Physik, Chemie, Biologie

a) Regelmäßige Kontrolle, Bestandsaufnahme und Wartung aller technischen Geräte

b) Durchführung von Reparaturen und Ersatzteilbeschaffung

c) Herstellung von nichtkäuflichen Versuchs- und Messgeräten in Klassensätzen (der Stelleninhaber fertigt Konstruktionsteile aus Blech, Holz, Plexiglas und Kunststoffen zur Vereinfachung und zur Sicherheit von Versuchsaufbauten an)

d) Anfertigung von Aufbewahrungs- und Ordnungshilfen

Begründung des BAG: Es sind keine selbständigen Leistungen zu erbringen. Diese Tätigkeiten entsprechen weitgehend den Aufgaben des Stelleninhabers im Zusammenhang mit den audiovisuellen Geräten, so dass auf die obigen Ausführungen verwiesen werden kann. Insbesondere ist nicht erkennbar, dass der Stelleninhaber bei der Herstellung nichtkäuflichen Versuchs- und Messgeräte einen eigenen Entscheidungsspielraum hat, sich also überlegen muss, wie er diese Geräte konstruiert. Dazu hätte er die Art dieser Geräte und seine Tätigkeit bei der Herstellung näher beschreiben müssen.

6. Tätigkeit: Praktische Einweisung von Schülern und Lehrkräften in die Produktion und Bearbeitung von Filmen (Besuch von Lehrgängen)

Begründung des BAG: Bei der praktischen Einweisung in Produktion und Bearbeitung von Filmen handelt es sich lediglich um die Weitergabe von Fachkenntnissen. Im Hinblick auf eine **eigene Gedankenarbeit** hat der Stelleninhaber nichts vorgetragen (vgl. BAG 01.03.1995, 4 AZR 970/93, AP Nr. 191 zu §§ 22, 23 BAT 1975).

Teil A Abschnitt I.: Entgeltgruppen 9b bis 15 im Überblick

7

1. Überblick

Die Entgeltgruppen 9b bis 15 TVöD-VKA

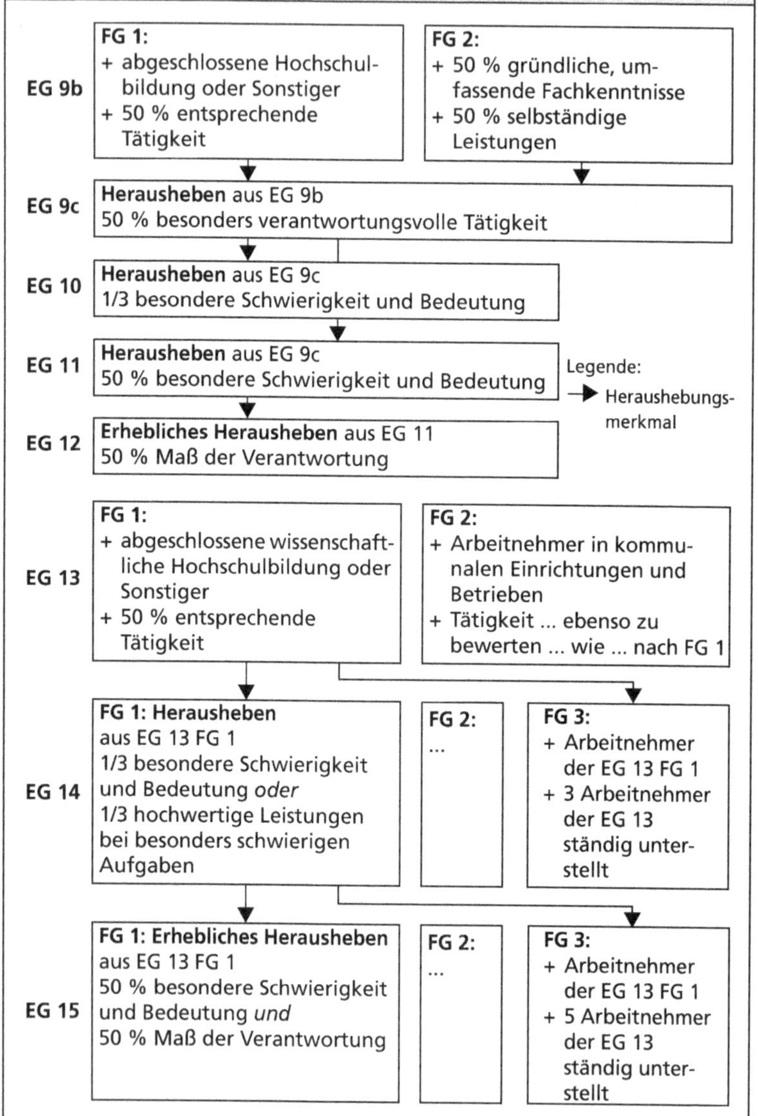

2. Die unterschiedlichen Qualifikationsebenen

In den Entgeltgruppen 9b bis 15 bestimmt sich die Eingruppierung zunächst nach der für die Tätigkeitsausübung erforderlichen Qualifikation. Ist eine abgeschlossene Hochschulbildung erforderlich, führt dies zu einer Grundeingruppierung nach Entgeltgruppe 9b Fallgruppe 1. Ist eine abgeschlossene wissenschaftliche Hochschulbildung erforderlich, führt dies zu einer Grundeingruppierung nach Entgeltgruppe 13 Fallgruppe 1.

Eine **abgeschlossene Hochschulbildung** liegt vor, wenn

§

Vorbemerkung Nr. 4

[1] (...) von einer Hochschule im Sinne des § 1 HRG ein **Diplomgrad** mit dem Zusatz „Fachhochschule" („**FH**"), ein anderer nach § 18 HRG gleichwertiger Abschlussgrad oder ein **Bachelorgrad** verliehen wurde. [2]Die Abschlussprüfung muss in einem Studiengang abgelegt worden sein, der seinerseits mindestens das Zeugnis der Hochschulreife (allgemeine Hochschulreife oder einschlägige fachgebundene Hochschulreife) oder eine andere landesrechtliche Hochschulzugangsberechtigung als Zugangsvoraussetzung erfordert, und für den Abschluss eine Regelstudienzeit von mindestens sechs Semestern – ohne etwaige Praxissemester, Prüfungssemester o. Ä. – vorschreibt. [3]Der Bachelorstudiengang muss nach den Regelungen des Akkreditierungsrats akkreditiert sein. [4]Dem gleichgestellt sind Abschlüsse in akkreditierten Bachelorausbildungsgängen an Berufsakademien. [5]Nr. 3 Satz 6 gilt entsprechend.

(Hervorhebungen durch die Verfasser)

Eine abgeschlossene wissenschaftliche Hochschulbildung liegt vor, wenn

§

Vorbemerkung Nr. 3

[1] (...) das Studium

a) an einer Universität, Technischen Hochschule, Pädagogischen Hochschule, Kunsthochschule oder einer anderen nach Landesrecht anerkannten Hochschule (außer Fachhochschulen) mit einer ersten Staatsprüfung, mit einer Magisterprüfung oder mit einer **Diplomprüfung** beendet worden ist oder

b) mit einer **Masterprüfung** beendet worden ist.

[2]Diesen Prüfungen steht eine Promotion oder die Akademische Abschlussprüfung (Magisterprüfung) einer Philosophischen Fakultät nur in den Fällen gleich, in denen die Ablegung einer ersten Staatsprüfung, einer Masterprüfung oder einer Diplomprüfung nach den einschlägigen Ausbildungsvorschriften nicht vorgesehen ist.

[3]Eine abgeschlossene wissenschaftliche Hochschulbildung im Sinne des Satzes 1 Buchst. a setzt voraus, dass die Abschlussprüfung in einem Studiengang abgelegt wird, der seinerseits mindestens das Zeugnis der Hochschulreife (allgemeine Hochschulreife oder einschlägige fachgebundene Hochschulreife) oder eine andere landesrechtliche Hochschulzugangsberechtigung als Zugangsvoraussetzung erfordert, und für den Abschluss eine Regelstudienzeit von mindestens acht Semestern – ohne etwaige Praxissemester, Prüfungssemester o. Ä. – vorschreibt.

[4]Ein Bachelorstudiengang erfüllt diese Voraussetzung auch dann nicht, wenn mehr als sechs Semester für den Abschluss vorgeschrieben sind.

[5]Der Masterstudiengang muss nach den Regelungen des Akkreditierungsrats akkreditiert sein.

[6]Ein Abschluss an einer ausländischen Hochschule gilt als abgeschlossene wissenschaftliche Hochschulbildung, wenn er von der zuständigen staatlichen Anerkennungsstelle als dem deutschen Hochschulabschluss gleichwertig anerkannt wurde.

(*Hervorhebungen durch die Verfasser*)

Diese Regelung gleicht im Wesentlichen dem TVöD-Bund. Damit wird zum einen an die in Deutschland bislang bestehende Differenzierung zwischen Fachhochschulstudiengängen mit einer Regelstudienzeit von höchstens vier Jahren (vgl. § 11 Satz 1 Nr. 1 HRG) und anderen Studiengängen mit einer Regelstudienzeit von viereinhalb Jahren (vgl. § 11 Satz 1 Nr. 2 HRG) angeknüpft. Zum anderen werden die neuen Hochschulabschlüsse in das Eingruppierungsrecht integriert.

Das bisherige Hochschulrecht

Nach traditionellem Verständnis handelt es sich bei Fachhochschulstudiengängen um Studiengänge, die dem besonderen Auftrag der Fachhochschulen zu einer berufsbezogenen Ausbildung entsprechen. Danach vermitteln Fachhochschulen durch eine anwendungsbezogene Lehre eine Bildung, die zu selbstständiger Anwendung wissenschaftlicher Methoden in der Berufspraxis befähigt (vgl. Reich, § 1 Rn. 1 und 5 m. w. N.). Vor diesem Hintergrund sahen die alten Tarifverträge des öffentlichen Dienstes eine grundsätzliche Unterscheidung vor: Die Fachhochschulausbildung befähigte für auszuübende Tätigkeiten im „gehobenen Dienst“ (Vergütungsgruppe Vb – III BAT), während die Ausbildung an einer wissenschaftlichen Hochschule (Universität, Technische Universität) für den „höheren Dienst“ (Vergütungsgruppe IIa – I BAT) qualifizierte.

Die neuen Hochschulabschlüsse

Die Studienreform

Diese Unterscheidung wurde durch die Einführung von Bachelor- und Masterstudiengängen (§ 19 HRG) infrage gestellt (vgl. Jahn, S. 132). Zur Vereinheitlichung der Hochschulausbildung in Europa werden die alten Diplom- und Magisterabschlüsse sowie die Staatsexamina durch diese neuen berufsqualifizierenden Abschlüsse abgelöst („Sorbonne-Erklärung" und „Bologna-Erklärung"; siehe Jahn, S. 128; Schwarz-Hahn/Rehburg). Diese Entwicklung wird begleitet von einer „Verwissenschaftlichung" der Fachhochschulausbildung. Universitäten wie Fachhochschulen können ihre Bachelor- und Masterstudiengänge sowohl praxis- als auch wissenschaftsbezogen ausrichten (vgl. Waldeyer, ZBR, S. 17, 23 m. w. N.).

Einheitliches Ausbildungsziel der Hochschulen ist gemäß § 7 HRG, die Studierenden durch Lehre und Studium auf ein berufliches Tätigkeitsfeld vorzubereiten und ihnen die dafür erforderlichen fachlichen Kenntnisse, Fähigkeiten und Methoden des jeweiligen Studiengangs zu vermitteln. An Fachhochschulen wird anwendungsbezogene Forschung und Entwicklung betrieben. Die Forschung dient dabei gemäß § 22 HRG auch der Lehre, so dass auch beim Fachhochschulstudium von Wissenschaftlichkeit gesprochen werden kann. Dementsprechend hat die Konferenz der Kultusminister der Länder beschlossen, dass Masterabschlüsse von Universitäten und Fachhochschulen grundsätzlich zur Promotion berechtigen (vgl. Waldeyer, ZBR 2003, S. 17 f., 20 m. w. N.). Im Ergebnis unterscheiden sich die Hochschulformen Universität und Fachhochschule nicht mehr durch „institutionelle Standardzuweisungen", sondern durch das Profil des Studienangebots (vgl. Waldeyer, ZBR 2003, S. 17, 24; Jahn, S. 132).

Praxis-Tipp:
Nähere Informationen über die Studiengänge und -abschlüsse deutscher Hochschulen finden Sie auf den Seiten der Deutschen Hochschulrektorenkonferenz unter: www.hochschulkompass.de bzw. www.studienwahl.de

Bachelorgrad

Beim Bachelorgrad handelt es sich um einen ersten berufsqualifizierenden Abschluss, der nach einer Regelstudienzeit von mindestens drei und höchstens vier Jahren verliehen wird. Im Unterschied zum alten Hochschulrecht verleihen sowohl Fachhochschulen als auch (Technische) Universitäten diesen Grad. Der bisherige Zusatz „(FH)" entfällt. Stattdessen werden folgende Bachelorgrade verliehen: Bachelor „... of Arts" (B. A.; Geisteswissenschaften), „... of Science" (B. Sc.; Naturwissenschaften), „... of Engineering" (B. Eng.; Ingenieurwissenschaften), „... of Laws" (LL. B.; Rechtswissenschaft).

Mastergrad

Entsprechendes gilt für den Mastergrad. Dieser baut auf den Bachelorgrad auf und muss so dem Aufbau- bzw. Weiterbildungsbereich zugerechnet werden (vgl. Reich, § 19 Rn. 4). Dabei handelt es sich um einen „weiteren" berufsqualifizierenden Abschluss. Möglich ist aber auch der Aufbau auf ein Fachhochschul-Diplom oder ein Staatsexamen (vgl. Reich, § 19 Rn. 4).

In der Praxis werden für den Master folgende Abschlussbezeichnungen verwendet: Master „... of Arts" (M. A.; Geisteswissenschaften), „... of Science (M. Sc.; Naturwissenschaften), „... of Engineering" (M. Eng.; Ingenieurwissenschaften), „... of Laws" (LL. M.; Rechtswissenschaft).

7

Praxis-Tipp:

Im Bereich der Wirtschaftswissenschaften wird zudem von verschiedenen Hochschulen der MBA-Grad (Master of Business Administration) verliehen. Bei Akkreditierung gelten die o. g. Ausführungen entsprechend.

3. Studienabschlüsse und Eingruppierung

Mit den Neuregelungen in den Vorbemerkungen Nr. 3 und 4 wird deutlich, dass sich die Tarifvertragsparteien mit ihrer Bewertung der neuen Abschlüsse den bildungsstaatlichen Stellen angeschlossen haben:

Die neuen Hochschulabschlüsse (BA/MA)

bei vorhandener Akkreditierung …

Bachelorabschluss (BA)	Zugang zum gehobenen Dienst Eingruppierung ab Vergütungsgruppe Vb bis Vergütungsgruppe III BAT-VKA(-O) des Allgemeinen Teils (entspricht Entgeltgruppe 9b bis 12 Teil A Abschnitt I. Ziffer 3. TVöD-VKA)
Masterabschluss (MA)	Zugang zum höheren Dienst Eingruppierung von Vergütungsgruppe II bis Vergütungsgruppe I BAT-VKA(-O) (entspricht Entgeltgruppe 13 bis 15 Teil A Abschnitt I. Ziffer 4. TVöD-VKA)

(vgl. Beschluss der KMK vom 14.04.2000; vgl. Beschluss der KMK vom 20.09.2007 und der IMK vom 07.12.2007)

Wichtig: Ein Dipl.-FH- bzw. Bachelorabschluss ist nur in der Entgeltgruppe 9b Fallgruppe 1 TVöD-VKA formale Voraussetzung für die Eingruppierung. Alternativ kann eine Eingruppierung nach Entgeltgruppe 9b über die Fallgruppe 2 erfolgen (gründliche, umfassende Fachkenntnisse und selbständige Leistungen). Allerdings ist hierfür ggf. die Ausbildungs- und Prüfungspflicht gemäß Vorbemerkung Nr. 7 zu beachten (vgl. Kapitel 3.4).

4. Der sonstige Beschäftigte

Liegt die geforderte (wissenschaftliche) Hochschulbildung nicht vor, kann aber auch dann in die Entgeltgruppen 9b bis 13 ff. eingruppiert werden, wenn diese Alternative erfüllt ist:

§ Sonstige Beschäftigte, die aufgrund gleichwertiger Fähigkeiten und ihrer Erfahrungen entsprechende Tätigkeiten ausüben.

Die Regelung zum „Sonstigen" entspricht grundsätzlich den alten BAT-Regelungen. Damit kann auf die Rechtsprechung zum „sonstigen Angestellten" zurückgegriffen werden, die die Anforderungen wie folgt näher definiert:

Der sonstige Beschäftigte muss Fähigkeiten und Erfahrungen besitzen und benötigen, wie sie gerade die einschlägige (wissenschaftliche) Hochschulausbildung zu vermitteln pflegt (vgl. z. B. BAG 09.02.1972, 4 AZR 153/71, AP Nr. 49 zu §§ 22, 23 BAT m. w. N.).

Für das Merkmal der gleichwertigen Fähigkeiten ist dabei nicht das gleiche Wissen und Können zu verlangen, wie es üblicherweise durch die vorausgesetzte Hochschulbildung erworben und durch die einschlägige Abschlussprüfung nachgewiesen wird. Zu fordern ist aber eine im Verhältnis dazu ähnlich gründliche Beherrschung eines entsprechend umfangreichen Wissensgebiets (vgl. zum Sonstigen im Sinne der Vergütungsgruppe II (Entgeltgruppe 13: BAG 23.05.1979, 4 AZR 576/77, AP Nr. 24; BAG 28.11.1979, 4 AZR 6/78, AP Nr. 27 beide zu §§ 22, 23 BAT 1975; BAG 15.03.2006, 4 AZR 157/05, ZTR 2006, S. 590–592).

Die Qualifizierungsmaßnahmen müssen somit im Vergleich zur Regelausbildung quantitativ und qualitativ annähernd gleichwertige Kenntnisse und Fähigkeiten vermitteln und sich nicht auf ein Teil-/Spezialgebiet beschränken (vgl. LAG Hamm 06.03.1996, 18 Sa 934/95; LAG Rheinland-Pfalz 16.10.1997, 5 Sa 695/97, zit. nach www.personalpraxis24.de); denn Kenntnisse und Erfahrungen auf einem engbegrenzten Teilgebiet/Spezialgebiet der konkret erforderlichen (Fach-)Hochschulausbildung/Fachrichtung reichen nicht aus (vgl. BAG 29.01.1986, 4 AZR 465/84, AP Nr. 115 zu §§ 22, 23 BAT 1975 m. w. N.).

Wichtig: Unterscheiden sich die im Studium vermittelten Kenntnisse und Fähigkeiten nicht zwischen FH und (Technischen) Universitäten, eröffnet dies auch für den Dipl.-FH-Absolventen die Eingruppierung ab Entgeltgruppe 13 unter dem Aspekt des „sonstigen Beschäftigten" (BAG 18.04.2012, 4 AZR 292/10, AP Nr. 323 zu §§ 22, 23 BAT 1975).

Über gleichwertige Fähigkeiten hinaus muss der Beschäftigte über entsprechende Erfahrungen verfügen, die er durch Ausüben von Tätigkeiten im Arbeitsbereich seines Arbeitgebers oder in entsprechenden Tätigkeiten bei anderen Arbeitgebern erworben hat (vgl. LAG Hamm 06.03.1996, 18 Sa 934/95; LAG Rheinland-Pfalz 05.06.2008, 2 Sa 86/08, zit. nach www.personalpraxis24.de). Dabei muss sich das geforderte Niveau konkret aus den vorgelegten Arbeitszeugnissen ergeben (vgl. LAG Rheinland-Pfalz 16.10.1997, 5 Sa 695/97, zit. nach www.personalpraxis24.de). Die Erfahrung kann nur nach einer langen Zeit der einschlägigen Tätigkeiten erworben werden (vgl. LAG Rheinland-Pfalz 16.10.1997, 5 Sa 695/97, zit. nach www.personalpraxis24.de). Die Rechnungshöfe konkretisieren dies im Verhältnis zur Ausbildungsdauer regelmäßig mit der doppelten Zeit der Tätigkeitsausübung, während die Rechtsprechung mindestens die gleiche Zeit als ausreichend erachtet (vgl. BAG 19.08.2004, 8 AZR 375/03, zit. nach www.personalpraxis24.de).

Auch wenn es rechtlich möglich ist, aus der auszuübenden Tätigkeit Rückschlüsse auf die Fähigkeiten und Erfahrungen eines sonstigen Beschäftigten zu ziehen (vgl. BAG 29.01.1986, 4 AZR 465/84, AP Nr. 115 zu §§ 22, 23 BAT 1975 m. w. N.), kann daraus weder der Rechtssatz noch der allgemeine Erfahrungssatz hergeleitet werden, dass immer dann, wenn ein sonstiger Beschäftigter eine Tätigkeit ausübt, die üblicherweise von einem entsprechenden Hochschulabsolventen ausgeübt wird, dieser auch über gleichwertige Fähigkeiten und Erfahrungen verfügt. Vielmehr zeigt die Lebenserfahrung, dass sonstige Beschäftigte, selbst wenn sie im Einzelfall eine entsprechende Tätigkeit ausüben, gleichwohl – anders als ein ausgebildeter Beschäftigter mit abgeschlossener Hochschulausbildung – häufig an anderen Stellen deswegen nicht eingesetzt werden können, weil ihnen für andere Tätigkeiten die Kenntnisse und Erfahrungen fehlen (vgl. BAG 18.12.1996, 4 AZR 319/95; LAG Hamm 06.03.1996, 18 Sa 934/95; LAG Rheinland-Pfalz 05.06.2008, 2 Sa 86/08, zit. nach www.personalpraxis24.de).

Alternativ dazu deckt der sonstige Beschäftigte aber auch den folgenden Fall ab: Die auszuübende Tätigkeit verlangt kein Wissen und Können aus einer konkreten akademischen Fachdisziplin, gleichwohl aber ein Urteilsvermögen, einen Bildungsstand und ein Allgemeinwissen eines – gleich in welchem Fachgebiet – ausgebildeten Akademikers, das heißt eine nicht fachspezifische, sondern allgemein akademische Qualifikation (vgl. BAG 15.03.2006, 4 AZR 157/05, ZTR 2006, S. 590–592 m. w. N.).

Wichtig: Werden die Anforderungen nicht erfüllt, ist der Mitarbeiter eine Entgeltgruppe niedriger einzugruppieren (Vorbemerkung Nr. 2 Satz 1 Entgeltordnung – VKA).

5. Die Heraushebungsmerkmale

Ab Entgeltgruppe 9c arbeitet der TVöD-VKA – wie schon im BAT-VKA – mit folgenden Heraushebungsmerkmalen (zum Begriff der Heraushebung siehe Kapitel 3.9):

- besonders verantwortungsvolle Tätigkeit (Entgeltgruppe 9c)
- besondere Schwierigkeit und Bedeutung (Entgeltgruppe 10/11, Entgeltgruppe 14 Fallgruppe 1 und 2, Entgeltgruppe 15 Fallgruppe 1)
- erhebliches Maß der Verantwortung (Entgeltgruppe 12, Entgeltgruppe 15 Fallgruppe 1).

Diese Merkmale entsprechen in ihrem Wortlaut und in ihrer Systematik den Tätigkeitsmerkmalen des BAT, so dass auf die entsprechende Rechtsprechung zurückgegriffen werden kann. Dabei gilt es zu beachten, dass die Heraushebungsmerkmale

- besondere Schwierigkeit und Bedeutung (Entgeltgruppe 10/11, Entgeltgruppe 14 Fallgruppe 1 und Entgeltgruppe 15 Fallgruppe 1) sowie
- erhebliches Maß der Verantwortung (Entgeltgruppe 12, Entgeltgruppe 15 Fallgruppe 1)

in gleicher Weise ausgelegt werden. Unterschiedlich ist lediglich die Vergleichsbasis (Grundmerkmal) für die Heraushebung (vgl. z. B. BAG 29.01.1986, 4 AZR 465/84, AP Nr. 115, BAG 19.03.1986, 4 AZR 642/84, AP Nr. 116 beide zu §§ 22, 23 BAT 1975):

7

Merkmale		
Grundmerkmal	**Entgeltgruppe 9b Fallgruppe 1:** abgeschlossene Hochschulausbildung oder sonstiger Beschäftigter	**Entgeltgruppe 13 Fallgruppe 1:** abgeschlossene wissenschaftliche Hochschulbildung oder sonstiger Beschäftigter
	Fallgruppe 2: gründliche, umfassende Fachkenntnisse und selbständige Leistungen	

Merkmale		
Heraushebungsmerkmale	**Entgeltgruppe 9c:** besonders verantwortungsvolle Tätigkeit	
	Entgeltgruppe 10/11: besondere Schwierigkeit und Bedeutung	**Entgeltgruppe 14 Fallgruppe 1:** besondere Schwierigkeit und Bedeutung oder hochwertige Leistungen bei besonders schwierigen Aufgaben
	Entgeltgruppe 12: erhebliches Maß der Verantwortung	**Entgeltgruppe 15 Fallgruppe 1:** besondere Schwierigkeit und Bedeutung sowie erhebliches Maß der Verantwortung

Für die Entgeltgruppen 9c bis 12 bauen die Heraushebungsmerkmale auf einer abgeschlossenen Hochschulbildung im Sinne der Vorbemerkung Nr. 4 bzw. auf gründlichen, umfassenden Fachkenntnissen auf, während für die Entgeltgruppen 14 und 15 eine abgeschlossene wissenschaftliche Hochschulbildung im Sinne der Vorbemerkung Nr. 3 erforderlich ist.

Daher werden wir im Folgenden zunächst die Tätigkeitsmerkmale an sich in ihrem tariflichen Zusammenhang erläutern und anschließend konkrete Beispielfälle aus der Rechtsprechung aufarbeiten.

Teil A Abschnitt I. Ziffer 3.: Entgeltgruppen 9b bis 12

8

1. Die Entgeltgruppe 9b

In Entgeltgruppe 9b stehen zwei Eingruppierungsmöglichkeiten zur Verfügung:

§ **Entgeltgruppe 9b**

1. **Beschäftigte mit abgeschlossener Hochschulbildung und entsprechender Tätigkeit sowie sonstige Beschäftigte, die aufgrund gleichwertiger Fähigkeiten und ihrer Erfahrungen entsprechende Tätigkeiten ausüben.**
2. **Beschäftigte, deren Tätigkeit gründliche, umfassende Fachkenntnisse und selbstständige Leistungen erfordert.**

(Gründliche, umfassende Fachkenntnisse bedeuten gegenüber den in den Entgeltgruppen 6 bis 9a geforderten gründlichen und vielseitigen Fachkenntnissen eine Steigerung der Tiefe und der Breite nach.)

Fallgruppe 1

DieFallgruppe 1 der Entgeltgruppe 9b TVöD-VKA fordert – wie der TVöD-Bund – im Vergleich zum alten BAT-VKA und zum TV-L als neues Tätigkeitsmerkmal eine abgeschlossene Hochschulbildung und entsprechende Tätigkeiten. Die Anforderungen an die abgeschlossene Hochschulbildung wurden in Kapitel 7.2 vorgestellt.

Für die entsprechende Tätigkeit gilt grundsätzlich das zu Entgeltgruppe 5 Fallgruppe 1 Gesagte entsprechend (siehe Kapitel 6.5). Für das hier erforderliche Dipl.-FH- bzw. BA-Niveau heißt das:

Eine Tätigkeit entspricht einer Dipl.-FH-Ausbildung, wenn die durch diese konkrete Dipl.-FH-Ausbildung erworbenen Kenntnisse und Fähigkeiten zur Ausübung der Tätigkeit erforderlich, das heißt notwendig sind. Nicht ausreichend ist es hingegen, wenn die Dipl.-FH-Qualifikation des Mitarbeiters für seinen Aufgabenkreis lediglich nützlich oder erwünscht ist. Voraussetzung ist vielmehr, dass nur solche Mitarbeiter, die ein entsprechendes Dipl.-FH-Studium erfolgreich abgeschlossen haben oder über gleichwertige Fähigkeiten und Erfahrungen verfügen, die Tätigkeit ordnungsgemäß und sachgerecht ausüben können. Dies erfordert einen Vergleich mit den Studieninhalten und inwieweit der Mitarbeiter diese in der Praxis benötigt (vgl. LAG Berlin-Brandenburg 10.02.2011, 26 Sa 2121/10, zit. nach www.personalpraxis24.de).

Die Anforderungen an den sonstigen Beschäftigten wurden bereits in Kapitel 7.4 vorgestellt.

Fallgruppe 2

Die Fallgruppe 2 der Entgeltgruppe 9b TVöD-VKA fordert gründliche, umfassende Fachkenntnisse und selbständige Leistungen. Dies entspricht den alten Eingruppierungsregeln der Vergütungsgruppe Vb Fallgruppe 1a BAT-VKA. Folglich kann auf die BAT-Rechtsprechung zum Tätigkeitsmerkmal der gründlichen, umfassenden Fachkenntnisse zurückgegriffen werden:

Der Begriff der Gründlichkeit im Sinne der gründlichen, umfassenden Fachkenntnisse ist, obwohl wortgleich, nicht identisch mit dem der Gründlichkeit im Sinne der gründlichen bzw. gründlichen und vielseitigen Fachkenntnisse. Vielmehr muss sich die Vertiefung der Fachkenntnisse deutlich voneinander abheben, denn nunmehr wird nach dem erläuternden Klammerzusatz ausdrücklich eine Steigerung nicht nur der Breite (gleich Umfang) wie bei den vielseitigen Fachkenntnissen, sondern auch nach der Tiefe der einzusetzenden Fachkenntnisse gefordert. Die Begriffe „gründlich" und „umfassend" sind somit nicht getrennt zu beurteilen. Stattdessen ist dieses Tätigkeitsmerkmal den „gründlichen und vielseitigen Fachkenntnissen" zusammenfassend gegenüberzustellen und einheitlich zu bewerten.

Nur wenn unter dieser Bedingung eine entsprechende Steigerung nach Tiefe (Qualität) und Breite (Quantität) gegenüber dem Tätigkeitsmerkmal „gründliche und vielseitige Fachkenntnisse" festgestellt werden kann, ist das Tätigkeitsmerkmal der „gründlichen, umfassenden Fachkenntnisse" erfüllt. Umfassende Fachkenntnisse im o. g. Sinne werden danach für einen Aufgabenkreis jedenfalls dann nicht benötigt, wenn dieser im Verhältnis zu dem Gesamtgebiet oder den Gebieten der beschäftigenden Verwaltung nur einen relativ geringen Ausschnitt darstellt (vgl. BAG 10.12.1997, 4 AZR 221/96, AP Nr. 237 zu §§ 22, 23 BAT 1975 m. w. N.).

Die Tätigkeit muss vielmehr so ausgestaltet sein, dass sie nur bei stärkerem Eindringen in die maßgeblichen Bestimmungen/Regelungen erbracht werden kann. Für die Entgeltgruppe 9b Fallgruppe 2 ist damit ein Fachwissen erforderlich, dass sich nicht auf die bloße Kenntnis von (Gesetzes-)Tatbeständen beschränkt. Es soll zu stärker analysierenden Denkvorgängen, wie sie für die Entscheidung von Zweifelsfällen typisch sind, befähigen. Ein Mitarbeiter der Entgeltgruppe 9b Fallgruppe 2 muss somit in der Lage sein, zweifelsfrei unter Beachtung des Wortlauts des Gesetzes, des Gesetzeszusammenhangs sowie unter Berücksichtigung des groben Überblicks über die maßgebende Literatur und Rechtsprechung, Sachverhalte zu lösen (vgl. LAG Rheinland-Pfalz 16.05.1991, 4 Sa 1009/90; vgl. LAG Düsseldorf 30.11.2015, 14 Sa 817/15, ZTR 2016, S. 141 ff. m. w. N. auf die Rechtsprechung).

Gründliche, umfassende Fachkenntnisse müssen sich aber nicht nur auf Rechtskenntnisse beziehen, sondern es sind alle Fachkenntnisse, die der Arbeitnehmer zur Aufgabenerfüllung benötigt, heranzuziehen. Das können wirtschaftlich-kaufmännische oder technische Kenntnisse sein, aber auch Erfahrungswissen (vgl. BAG 16.04.1986, 4 AZR 595/84, AP Nr. 120 zu §§ 22, 23 BAT 1975).

Praxis-Tipp:

Es handelt sich aber regelmäßig um Kenntnisse auf Dipl.-FH-Niveau (vgl. z. B. Nds. LAG 29.04.2002, 8 Sa 1049/01 E; BAG 15.02.2006, 4 AZR 645/04, AP Nr. 32 zu §§ 22, 23 BAT-O).

Der Abschluss einer Dipl.-FH-Ausbildung ist aufgrund der Hochschulreform nur noch zeitlich begrenzt möglich. Bildungsrechtlich wird der Abschluss durch die neuen Bachelor-Abschlüsse ersetzt (vgl. Beschluss der KMK vom 14.04.2000; Beschluss der KMK vom 20.09.2007 und der IMK vom 07.12.2007).

Beispiele zu gründlichen, umfassenden Fachkenntnissen

Gründliche, umfassende Fachkenntnisse erfordern ein entsprechend vielschichtiges Arbeitsgebiet, wie zum Beispiel die Sachbearbeiter im Sachgebiet „Planfeststellung und Grunderwerb" mit folgenden fünf Arbeitsvorgängen:

1. Bearbeiten von Grunderwerbs- und Entschädigungsvorgängen (70 Prozent)
2. Bearbeiten von Entschädigungen bei Eingriff in den eingerichteten und ausgeübten Gewerbebetrieb (10 Prozent)
3. Vorbereiten und Abwickeln der Vergabe von Aufträgen mit Geschäftsbesorgern (5 Prozent)
4. Prüfen und Vorbereiten von Verfahren zur vorzeitigen Besitzeinweisung und Enteignung einschließlich Entschädigung bzw.

Entschädigungsfeststellungsverfahren sowie zur Flurbereinigung (10 Prozent)

5. Vorbereiten und Abwickeln der Vergabe von Aufträgen zur Liegenschaftsvermessung (5 Prozent).

Bereits der Arbeitsvorgang 1) „Bearbeiten von Grunderwerbs- und Entschädigungsvorgängen" erfordert gründliche, umfassende Kenntnisse. Der Beschäftigte benötigt für die Bearbeitung der damit übertragenen Aufgaben nicht nur genaue Kenntnis einer hohen Anzahl von Gesetzen, Verordnungen und Richtlinien bzw. Verwaltungsvorschriften, sondern hat bei der Erarbeitung von Kaufverträgen diese unter Berücksichtigung von grundstücksbezogenen Verträgen und speziellen Bewertungsfragen zu beachten und anzuwenden. Damit sind nicht nur Teilbereiche der für die Erarbeitung von Kaufverträgen erforderlichen rechtlichen oder weiteren fachlichen Kenntnisse vonnöten, sondern ein breites fachliches Spektrum, das in das Erkennen von rechtlichen Zusammenhängen und Erarbeiten von Schlussfolgerungen einfließt und deshalb über die gründlichen und vielseitigen Fachkenntnisse in der Vergütungsgruppe Vc BAT quantitativ und qualitativ hinausgeht.

Vergleichbares gilt für die weiteren Arbeitsvorgänge. Auch hier erfordert die Vornahme eigener Schätzungen ein umfassendes Wissen über Theorie und Praxis der Schätzungen zur Verkehrswertermittlung einschließlich der anzuwendenden Rechtsvorschriften, was auch Voraussetzung für die Plausibilitätsprüfungen der eingeholten Wertgutachten ist. Bewertungen, die nicht bereits von anderen vorgegeben wurden, werden weiterverarbeitet. Bei eigenen Schätzungen nimmt der Mitarbeiter die Bewertung selbst vor. Damit eingeschlossen ist auch die Bewertung von Gebäuden und deren ggf. bestehender Mängel für die Ermittlung des Verkehrswerts der Liegenschaft. Da der Mitarbeiter die eigenen oder eingeholten und geprüften Bewertungen für Kaufverhandlungen zugrunde legt, muss er auch bei diesem Arbeitsvorgang die Auswirkungen seiner Tätigkeit überblicken, so dass auch hier gründliche, umfassende Fachkenntnisse zu bejahen sind (vgl. LAG Berlin-Brandenburg 16.09.2010, 25 Sa 971/10, zit. nach www.personalpraxis24.de).

Weitere Beispiele für gründliche, umfassende Fachkenntnisse:

- Bearbeiten von Widersprüchen in der zentralen Widerspruchsstelle eines Rechtsamts mit Widersprüchen aus den Rechtsgebieten Sozialhilfe, kommunale Abgaben, Jugendhilfe und Schulgesetz/Schülerbeförderung

  (BAG 27.08.2008, 4 AZR 470/07, AP Nr. 38 zu §§ 22, 23 BAT-O)
- Sachbearbeitung im Bereich Eingliederungsbeihilfe für behinderte Menschen (§ 53 Abs. 3 SGB XII, vorher § 39 Abs. 3 BSHG) in der Abteilung soziale Angelegenheiten für Senioren und behinderte Bürger im Sachgebiet Behindertenhilfe und Grundsicherung

  (BAG 09.05.2007, 4 AZR 351/06, AP Nr. 33 zu §§ 22, 23 BAT-O)
- Aufstellen und Bewerten von Bilanzen

  (BAG 15.02.2006, 4 AZR 645/04, AP Nr. 32 zu §§ 22, 23 BAT-O)
- Controller

  (vgl. LAG Niedersachsen 29.04.2002, 8 Sa 1049/01 E, zit. nach Hofmann/Reidelbach, A 321, XXXI.)

Selbständige Leistungen

Neben gründlichen, umfassenden Fachkenntnissen sind selbständige Leistungen erforderlich. Es gelten die gleichen Anforderungen wie bei den Entgeltgruppen 7, 8 und 9a. Lediglich die vorausgesetzten Fachkenntnisse erreichen hier ein neues Niveau. Sie müssen gründlich, umfassend sein.

8

Beispiele für selbständige Leistungen auf Basis gründlicher, umfassender Fachkenntnisse

1. Sachbearbeiter im Sachgebiet „Planfeststellung und Grunderwerb"

   Der Sachbearbeiter erbringt selbständige Leistungen: Der Mitarbeiter hat bei den Arbeitsvorgängen die Ergebnisse eigenständig zu erarbeiten und darüber zu befinden, welchen konkreten Vertragsinhalt er warum vorgibt und wie er das jeweilige Arbeitsergebnis erreichen will. Auch die Wertermittlung für Grundstücke setzt sowohl bei der eigenen Schätzung als auch der Einholung und Plausibilitätsprüfung von Gutachten Abwägungsprozesse voraus, die für die Selbständigkeit der Leistungen spricht. Diese Bewertung des für eine selbständige Leistung sprechenden Handlungsspielraums deckt sich mit den Angaben in der Tätigkeitsdarstellung. Diese Selbständigkeit der Leistungen liegt auch in einem nicht unbedeutenden, sondern rechtserheblichen Ausmaß vor (vgl. LAG Berlin-Brandenburg 16.09.2010, 25 Sa 971/10, zit. nach www.personalpraxis24.de).

2. Controller

   Der Controller arbeitet im Bereich der Kosten- und Leistungsrechnung als Projektleiter. Die selbstständigen Leistungen ergeben sich aus den dabei vorhandenen Entscheidungsbefugnissen. Der Arbeitnehmer kann den einzuschlagenden Weg und das zu erreichende Ergebnis bestimmen. Die Berichtspflicht gegenüber dem Vorgesetzten steht dem nicht entgegen (vgl. LAG Niedersachsen 29.04.2002, 8 Sa 1049/01 E, zit. nach Hofmann/Reidelbach, A 321, XXXI.).

2. Die besonders verantwortungsvolle Tätigkeit (Entgeltgruppe 9c)

§

Entgeltgruppe 9c

Beschäftigte, deren Tätigkeit sich dadurch aus der Entgeltgruppe 9b heraushebt, dass sie besonders verantwortungsvoll ist.

Das Tätigkeitsmerkmal ist aus dem Merkmal der Vergütungsgruppe IVb Fallgruppe 1a BAT-VKA hervorgegangen.

Wichtig: Es gibt kein Tätigkeitsmerkmal mehr mit 1/3 besonders verantwortungsvoller Tätigkeit. Die Anforderungen der Vergütungsgruppe Vb Fallgruppe 1b BAT-VKA wurden nicht in die neue Entgeltordnung übernommen.

Verlangt wird eine Heraushebung bezüglich der Verantwortung der Tätigkeit (zum Begriff der Heraushebung siehe Kapitel 3.9).

Besonders verantwortungsvolle Tätigkeiten liegen vor, wenn die dem Beschäftigten übertragene Verantwortung beträchtlich gewichtiger ist als die bereits in der Entgeltgruppe 9b Fallgruppe 1 oder 2 geforderte „Normalverantwortung" (BAG 19.03.1986, 4 AZR 642/84, AP Nr. 116 zu §§ 22, 23 BAT 1975).

Normalverantwortung bedeutet:

BAG vom 09.05.2007

Nach der ständigen Rechtsprechung des Senats ist unter „Verantwortung" im Sinne des zur Beurteilung stehenden Tarifmerkmals zunächst die Verpflichtung der Angestellten zu verstehen, dafür einstehen zu müssen, dass in dem ihr übertragenen Dienst- oder Arbeitsbereich die dort – auch von anderen Bediensteten – zu erledigenden Aufgaben sachgerecht, pünktlich und vorschriftsgemäß ausgeführt werden.

(BAG 09.05.2007, 4 AZR 351/06, AP Nr. 33 zu §§ 22, 23 BAT-O)

Durch das Wort „besonders" soll zum Ausdruck kommen, dass eine beträchtliche, gewichtige Heraushebung gegenüber den Anforderungen der Entgeltgruppe 9b zu fordern ist (vgl. BAG 29.01.1986, 4 AZR 642/84, AP Nr. 116 zu §§ 22, 23 BAT 1975).

Die hier geforderte besondere Verantwortung erfordert demnach Tätigkeiten mit besonderer Tragweite (BAG 21.02.2001, 4 AZR 40/00; BAG 15.02.2004, 4 AZR 371/03, AP Nr. 301 zu §§ 22, 23 BAT 1975). Der Mitarbeiter ist somit an Maßnahmen mit erheblichen Auswirkungen gegenüber dem Arbeitgeber oder Dritten wesentlich beteiligt, das heißt der Mitarbeiter tritt zwar als Verantwortlicher nicht in Erscheinung, die von ihm erarbeiteten Vorgänge unterliegen aber keiner echten Nachprüfung/Kontrolle. Der Mitarbeiter muss keine Verantwortung nach außen tragen. Innerbehördliche Verantwortung bzw. Mitverantwortung reicht aus (vgl. BAG 15.02.2006, 4 AZR 645/04, AP Nr. 32 zu §§ 22, 23 BAT-O).

So muss dem Mitarbeiter beispielsweise keine Unterschriftsbefugnis obliegen. Trotzdem kann – je nach Lage des Einzelfalls – der Unterschriftsbefugnis eine Bedeutung zukommen, nämlich dann, wenn dem Arbeitnehmer keine Unterschriftsbefugnis eingeräumt worden ist, da seine Arbeitsergebnisse inhaltlich im Detail kontrolliert und danach ggf. nochmals geändert werden. Bei einer solchen Fallkonstellation kann dem Arbeitnehmer die Arbeitsleistung und damit die Verantwortung nicht mehr unmittelbar zugerechnet werden. Er ist nicht selbst für die richtige Ausführung seiner Arbeit verantwortlich und muss dementsprechend auch nicht selbst für seine Arbeitsergebnisse einstehen (vgl. zur Bedeutung der Unterschriftsbefugnis: BAG 18.06.1997, 4 AZR 28/95, ZTR 1998, S. 87; BAG 12.08.1981, 4 AZR 15/79, AP Nr. 47 zu §§ 22, 23 BAT 1975).

Die besondere Verantwortung kann sich beziehen auf:

- andere Mitarbeiter
- dritte Personen
- Sachen
- Arbeitsabläufe
- zu gewinnende wissenschaftliche Resultate
- technische Zusammenhänge (beim Einsatz von Computern)

(BAG 29.01.1986, 4 AZR 465/84, AP Nr. 115 zu §§ 22, 23 BAT 1975; BAG 19.03.1986, 4 AZR 642/84, AP Nr. 116 zu §§ 22, 23 BAT 1975)

Zusammenfassend ist von folgenden Prüfkriterien auszugehen:

Prüfung der besonders verantwortungsvollen Tätigkeit

- Feststellung der stellen-/aufgabenbezogenen (Normal-)Verantwortung des Arbeitnehmers
- Prüfen, welche konkreten Folgen sich aus dem Handeln bzw. Nichthandeln des Arbeitnehmers ergeben können, um die gewichtige, beträchtliche Heraushebung zu ermitteln
- Abgrenzung der Feststellungen nach oben, insbesondere dem Begriff der „Bedeutung" der Entgeltgruppe 10/11

Legt man die neuere Rechtsprechung des BAG zu den Heraushebungsmerkmalen zugrunde (siehe Kapitel 3.9), ergibt sich die besonders verantwortungsvolle Tätigkeit durch einen wertenden Vergleich der eigenen Tätigkeiten mit den Tätigkeiten von Beschäftigten einer Vergleichsgruppe. 8

§ **BAG vom 21.01.2015**

Aus der Gruppe der Sachbearbeiter „Wirtschaftliche Sozialhilfe" im Allgemeinen hebt sich die Tätigkeit der Kl. als „besonders verantwortungsvoll" im Sinne des Tätigkeitsmerkmals der Vergütungsgruppe IVb Fallgruppe 1 a BAT-O aus der Vergütungsgruppe Vb Fallgruppe 1 a BAT-O heraus. Zwar muss sie die ihr obliegenden Entscheidungen genau so sorgfältig und gesetzeskonform treffen wie die anderen Sachbearbeiter in der allgemeinen Sachbearbeitung von Sozialhilfefällen. Auch haben in diesem Gesamtbereich alle Entscheidungen regelmäßig einen Bezug zur Menschenwürde der Sozialhilfeempfänger. Sämtliche Entscheidungen greifen – wenn auch in unterschiedlicher Intensität – in die Existenz der hiervon Betroffenen ein. Die Entscheidungen der Kl. haben aber regelmäßig im Vergleich zur Gruppe der Sachbearbeiter in der Sozialhilfe aufgrund ihres besonderen Betreuungsklientels mit multiplen Problemen und daraus resultierenden komplexen Hilfemöglichkeiten und Ansprüchen eine erheblich größere, persönliche Tragweite, weshalb in der Gesamtschau der von der Kl. dargelegten Tatsachen ihre Verantwortung damit in gewichtiger Weise gesteigert ist.

(BAG 21.01.2015, 4 AZR 253/13, AP Nr. 44 zu §§ 22, 23 BAT-O)

In folgenden Fällen wurde ebenfalls eine besonders verantwortungsvolle Tätigkeit bejaht:

Praxis-Beispiele:

- Führen von Verhandlungen über privatrechtliche Duldungs-, Nutzungs-, Pacht-, Kauf- oder Tauschverträge über Grundstücke, ohne Abschlussvollmacht und anhand von Vertragsmustern (vgl. BAG 17.08.1994, 4 AZR 644/93, AP Nr. 183 zu §§ 22, 23 BAT 1975)
- einziger Personalsachbearbeiter einer Dienststelle (vgl. LAG Düsseldorf 04.02.1997, 16 Sa 1554/96, zit. nach Hofmann/ Reidelbach, P 150)
- Controller als Projektleiter zur Einführung einer dienststellenweiten Kosten- und Leistungsrechnung (vgl. LAG Niedersachsen 29.04.2002, 8 Sa 1049/01 E, zit. nach Hofmann/ Reidelbach, A 321, XXXI.)
- Liegenschaftssachbearbeiter (vgl. AG Koblenz 07.03.1991, 1 Ca 2238/90, zit. nach Hofmann/Reidelbach, L 1550)
- Leitungs- und Aufsichtsfunktionen (vgl. BAG 01.08.2001, 4 AZR 298/00, ZTR 2002, 178)

3. Die besondere Schwierigkeit und Bedeutung (Entgeltgruppe 10/11)

Entgeltgruppe 10

Beschäftigte, deren Tätigkeit sich mindestens zu einem Drittel durch besondere Schwierigkeit und Bedeutung aus der Entgeltgruppe 9c heraushebt.

Entgeltgruppe 11

Beschäftigte, deren Tätigkeit sich durch besondere Schwierigkeit und Bedeutung aus der Entgeltgruppe 9c heraushebt.

Verlangt wird eine Heraushebung bezüglich der besonderen Schwierigkeit und Bedeutung der Tätigkeit (zum Begriff der Heraushebung siehe Kapitel 3.9).

Der Unterschied zwischen Entgeltgruppe 10 und Entgeltgruppe 11 TVöD-VKA liegt nicht in den inhaltlichen Anforderungen. Diese sind in beiden Entgeltgruppen identisch (besondere Schwierigkeit und Bedeutung). Vielmehr kommt es ausschließlich auf den Zeitanteil an: Für Entgeltgruppe 10 genügen 1/3, für Entgeltgruppe 11 ist hingegen ein Zeitanteil von 50 Prozent erforderlich. Beide Entgeltgruppen können im Folgenden aus inhaltlicher Sicht einheitlich betrachtet werden.

Mit den Tätigkeitsmerkmalen „besondere Schwierigkeit und Bedeutung" werden zwei voneinander abgrenzbare, unterschiedliche tarifliche Anforderungen gestellt. Die Schwierigkeit betrifft die Anforderungen an das fachliche Können des Arbeitnehmers, die Bedeutung hingegen die Auswirkungen der übertragenen Aufgaben (vgl. z. B. BAG 19.05.2010, 4 AZR 912/08, AP Nr. 314 zu §§ 22, 23 BAT 1975 m. w. N. auf die Rechtsprechung des BAG).

Dabei ist insbesondere zu berücksichtigen, dass beide Anforderungen kumulativ (das heißt gleichzeitig) erfüllt sein müssen. Im Rahmen der Eingruppierung ist deshalb im Einzelnen und unabhängig voneinander zu prüfen, ob die Tätigkeiten des Arbeitnehmers das Heraushebungsmerkmal der besonderen Schwierigkeit erfüllen und ob sie darüber hinaus bedeutungsvoll sind (vgl. BAG 10.02.1982, 4 AZR 466/79, AP Nr. 56 zu §§ 22, 23 BAT 1975).

Die tarifliche Anforderungskombination der **besonderen Schwierigkeit** bezieht sich nach der ständigen Rechtsprechung des BAG auf die fachliche Qualifikation des Arbeitnehmers, das heißt auf sein fachliches Können und seine fachliche Erfahrung. Das Adjektiv „besonders" verdeutlicht dabei, dass sich die Tätigkeit des Arbeitnehmers hinsichtlich der fachlichen Anforderungen in beträchtlicher, gewichtiger Weise von denjenigen der niedrigeren Entgeltgruppe abheben muss (vgl. z. B. BAG 19.05.2010, 4 AZR 912/08, AP Nr. 314 zu §§ 22, 23 BAT 1975 m. w. N. auf die Rechtsprechung des BAG).

Diese erhöhten fachlichen Anforderungen können sich dabei beispielsweise aus einer gesteigerten Breite und Tiefe der Fachkenntnisse ergeben, aus Spezialkenntnissen, außergewöhnlichen Erfahrungen oder sonstigen gleichwertigen Qualifikationen (BAG 22.07.1998, 4 AZR 399/97, AP Nr. 252 zu §§ 22, 23 BAT 1975).

Die besondere Schwierigkeit in diesem Sinne ergibt sich beispielsweise nicht aus der reinen Anwendung einer Software zur Sachverhaltserfassung, denn dies erfordert keinen besonderen technischen Sachverstand. Besondere IT-Kenntnisse, etwa zur Programmierung einer Software oder zum Vornehmen von Softwareanpassungen, sind nicht erforderlich (vgl. LAG SLH 27.09.2012, 5 Sa 48/12, ZTR 2013, S. 29 ff.).

Spezialkenntnisse im Sinne der besonderen Schwierigkeit liegen nur vor, wenn diese ein besonderes Gebiet abdecken, das nicht bereits in der grundständigen Ausbildung vermittelt worden ist. Die bloße Einarbeitung in die konkrete berufliche Tätigkeit stellt ebensowenig Spezialkenntnisse dar, wie die Aktualisierung der beruflichen Kennt-

nisse und Fähigkeiten sowie eine berufliche Weiterbildung im Hinblick auf veränderte technische Entwicklungen (vgl. zum vergleichbaren Begriff der Spezialausbildung: BAG 20.05.2009, 4 AZR 184/08, AP Nr. 12 zu § 1 TVG Tarifverträge: Arbeiterwohlfahrt m. w. N.).

Praxis-Tipp:

Da die Rechtsprechung auch bei gründlichen, umfassenden Fachkenntnissen von Dipl.-FH-Niveau ausgeht, ist für die besondere Schwierigkeit im Sinne der Entgeltgruppe 10/11 ein Wissen erforderlich, das nicht mehr im Rahmen der einschlägigen Dipl.-FH- bzw. BA-Ausbildung vermittelt wird.

Wertender Vergleich	
Normaltätigkeit	**Heraushebungsmerkmal**
	z. B. Schwierigkeit:
= das in der Ausbildung Erlernte	= das in der Ausbildung nicht mehr Erlernte
= der zum Berufsbild in jedem Fall gehörende Arbeitsinhalt	= der nicht regelmäßig zum Berufsbild gehörende Arbeitsinhalt
...	...

(vgl. BAG 11.02.2004, 4 AZR 684/02, AP Nr. 24 zu §§ 22, 23 BAT-O)

Darüber hinaus ist zu beachten, dass sich die Schwierigkeit unmittelbar aus der Tätigkeit selbst ergeben muss. Eine Tätigkeit kann nicht als besonders schwierig im Tarifsinne angesehen werden, „nur" weil sie unter belastenden Bedingungen geleistet werden muss (vgl. z. B. BAG 20.03.1991, 4 AZR 471/90, AP Nr. 156 zu §§ 22, 23 BAT 1975).

Im Gegensatz zur besonderen Schwierigkeit knüpft die **Bedeutung** an die Auswirkungen der Tätigkeit an. Bei der Auslegung dieses Tätigkeitsmerkmals sind zwei Besonderheiten zu beachten: Es fehlt das Adjektiv „besonders". Die Tarifvertragsparteien greifen erstmals auf diese Anforderung im Entgeltgefüge für Arbeitnehmer mit Dipl.-FH-/Bachelorgrad zurück. Aus diesem Grund genügt es, wenn sich die Tätigkeit des Arbeitnehmers überhaupt durch ihre Bedeutung deutlich wahrnehmbar aus den Anforderungen der Entgeltgruppe 9c TVöD-VKA heraushebt.

Die Auslegung des Begriffs „Bedeutung" orientiert sich am allgemeinen Sprachgebrauch, wonach etwas von Bedeutung ist, wenn es von Belang oder großer Tragweite ist, gewichtige Nachwirkungen hat. Dabei ist grundsätzlich jede Art der Auswirkung der Tätigkeit eines Arbeitnehmers geeignet, die Bedeutung des Aufgabengebiets im tariflichen Sinne zu begründen.

Im Einzelnen kommen in Betracht:

- die Größe des Aufgabengebiets, insbesondere bei Vorgesetztenfunktionen
- die Tragweite der zu bearbeitenden Materie oder
- die Auswirkungen der Tätigkeit für den innerdienstlichen Bereich, Dritte oder die Allgemeinheit

(vgl. Grundsatzurteil des BAG 29.02.1986, 4 AZR 465/84, AP Nr. 115 zu §§ 22, 23 BAT 1975 m. w. N.; BAG 14.09.1999, 4 AZR 334/98, AP Nr. 263 zu §§ 22, 23 BAT 1975 m. w. N.)

Dabei müssen weitreichende Auswirkungen bzw. erhebliche Folgewirkungen vorliegen. Von einer entsprechenden Tragweite der Arbeit des Arbeitnehmers kann zunächst ausgegangen werden, wenn er bei der Lösung dieser Aufgaben auch über entsprechende Entscheidungskompetenzen verfügt. Fehlen solche Entscheidungskompetenzen, fehlt es auch an den entsprechenden – unmittelbaren – Auswirkungen der Tätigkeit des Arbeitnehmers (vgl. BAG 14.04.1999, 4 AZR 334/98, AP Nr. 263 zu §§ 22, 23 BAT 1975).

Weitreichende Auswirkungen sind zudem regelmäßig erst gegeben, wenn der Mitarbeiter keine Einzelfallentscheidungen trifft, sondern strategische/fallübergreifende Entscheidungen, die für eine Vielzahl von Fallgestaltungen relevant sind oder Grundsatzentscheidungen – zumindest mit – zu treffen hat (vgl. BAG 16.05.2013, 4 AZR 445/11, AP Nr. 328 zu §§ 22, 23 BAT 1975).

Das Vorliegen der o. g. Tätigkeitsmerkmale kann daher nur durch einen wertenden Vergleich zwischen der Grundtätigkeit und der herausgehobenen Tätigkeit begründet werden. Im Streitfall ist es somit nicht ausreichend, wenn die Tätigkeit im Einzelnen dargestellt wird. Vielmehr müssen darüber hinaus Tatsachen dargelegt werden, die den erforderlichen Vergleich mit den nicht herausgehobenen Tätigkeiten ermöglichen (vgl. BAG 20.10.1993, 4 AZR 47/93, AP Nr. 173 zu §§ 22, 23 BAT 1975; BAG 11.02.2004, 4 AZR 684/02, AP Nr. 24 zu §§ 22, 23 BAT-O; BAG 07.05.2008, 4 AZR 303/07, AP Nr. 37 zu §§ 22, 23 BAT-O).

Praxis-Tipp:

Diese Anforderungen werden nur durch eine Stellenbeschreibung und eine darauf aufgebaute Stellenbewertung erfüllt. Eine Stellenbeschreibung allein ist nicht ausreichend.

Beispiele:

- **Werkleiter** eines kleinen Versorgungsbetriebs (Eigenbetrieb), auf den sich alle anfallenden Tätigkeiten konzentrieren. Eine Aufteilung der Kompetenzen innerhalb verschiedener Personen war nicht gegeben (vgl. LAG Rheinland-Pfalz, 04.11.1993, 7 Sa 538/93).
- **Einkaufsleiter** mit einem Vergabevolumen von ca. 13,5 Mio. Euro und einem Lagerinventurwert von ca. 1,6 Mio. Euro jährlich (vgl. LAG Hamm 06.08.1987, 4 Sa 251/87).
- **Gleichstellungsbeauftragte**

  Die besondere Schwierigkeit ergibt sich aus der globalen Aufgabenstellung als Gleichstellungsbeauftragte. Die Tätigkeit reicht von der Mitwirkung bei Personalentscheidungen über die Einflussnahme auf Entscheidungen der Aufsichtsgremien bis zur konzeptionellen Arbeit, Öffentlichkeitsarbeit und Kontaktpflege. Es liegt also kein klar umrissenes, inhaltlich vorbestimmtes Aufgabenfeld vor. Vielmehr umfasst das Aufgabengebiet alle Bereiche der Dienststelle, in die sich die Gleichstellungsbeauftragte ggf. einarbeiten muss. So ist es für die konzeptionelle Arbeit erforderlich, wissenschaftliche Literatur zu sichten, Forschungsergebnisse zu prüfen sowie Daten zu sammeln und zu erheben. Hierzu sind unter anderem Kenntnisse über Statistik und die Methoden empirischer Sozialforschung notwendig. Weiterhin werden Grundkenntnisse in den Methoden verschiedener Wissenschaftsdisziplinen (Politikwissenschaften, Soziologie, Erziehungswissenschaften, Jura, Psychologie, Sprachwissenschaften) benötigt, um sich in die Texte dieser Disziplinen schnell einarbeiten zu können. Es werden Rechtskenntnisse aus den Bereichen Arbeitsrecht, Sozialhilferecht, Arbeitsförderungsrecht usw. erwartet. Für die Öffentlichkeitsarbeit, zu der es auch gehört, Pressemitteilungen zu erarbeiten und herauszugeben sowie konzeptionelle Vorüberlegungen zur Gestaltung von Informationsmaterial anzustellen, werden publizistische Kenntnisse benötigt. Diese Umstände lassen eine beträchtliche Breite des geforderten fachlichen Wissens und Könnens erkennen.

  Die Bedeutung der Tätigkeit ist gegeben durch die Mitwirkung bei Entscheidungen, deren Auswirkungen für die

8

Betroffenen unter Umständen erheblich sind (z. B. Personalentscheidungen, Vorstandsentscheidungen). Zudem trägt die Gleichstellungsbeauftragte durch ihre Öffentlichkeitsarbeit nicht unerheblich zum äußeren Erscheinungsbild der Dienststelle bei (vgl. BAG 20.09.1995, 4 AZR 413/94, AP Nr. 205 zu §§ 22, 23 BAT 1975).

4. Das Maß der Verantwortung (Entgeltgruppe 12)

§ **Entgeltgruppe 12**

Beschäftigte, deren Tätigkeit sich durch das Maß der damit verbundenen Verantwortung erheblich aus der Entgeltgruppe 11 heraushebt.

Verlangt wird eine erhebliche Heraushebung bezüglich der Verantwortung der Tätigkeit (zum Begriff der Heraushebung siehe Kapitel 3.9).

Der Begriff der Verantwortung kommt im TVöD-VKA – wie im BAT und TV-L – in zwei Varianten vor:

- besonders verantwortungsvolle Tätigkeit (Entgeltgruppe 9c)
- Maß der Verantwortung (Entgeltgruppe 12; Entgeltgruppe 15 Fallgruppe 1).

Wichtig: Die Rechtsprechung zum BAT geht davon aus, dass begrifflich dasselbe gemeint ist (vgl. z. B. BAG 16.04.1986, 4 AZR 494/84, AP Nr. 120 zu §§ 22, 23 BAT 1975). Diese gilt auch für den in weiten Teilen struktur- und inhaltsgleichen TVöD-VKA.

8 Dabei ist nach dem erkennbaren Sinn und Zweck der entsprechenden Tarifnormen auf die Bedeutung des Wortes „Verantwortung" im allgemeinen Sprachgebrauch zurückzugreifen. Dieser versteht darunter die mit einer bestimmten Stellung oder Aufgabe verbundene Verantwortung, das heißt die Verpflichtung, der jeweiligen Stellung oder Aufgabe entsprechend dafür zu sorgen, dass innerhalb eines bestimmten Rahmens oder Lebensbereiches alles einen guten, sachgerechten Verlauf nimmt, was beispielsweise mit der entsprechenden Verantwortung von Eltern, Lehrern, aber auch Ärzten, Ingenieuren und Redakteuren erläutert wird.

In diesem allgemeinen Sinne verstehen die Tarifvertragsparteien unter Verantwortung auch im Rahmen des zur Beurteilung stehenden

Tarifmerkmals die Verpflichtung des Beschäftigten, dafür einstehen zu müssen, dass in dem ihm übertragenen Dienst- oder Arbeitsbereich die dort – auch von anderen Bediensteten – zu erledigenden Aufgaben **sachgerecht, pünktlich** und **vorschriftsgemäß** ausgeführt werden. Hingegen ist bei dem Begriff der Verantwortung nicht auf die jeweilige zivilrechtliche oder strafrechtliche Verantwortlichkeit abzustellen, auch nicht auf die sogenannte „politische Verantwortung" (vgl. BAG 29.01.1986, 3 AZR 465/84, AP Nr. 115; BAG 19.03.1986, 4 AZR 642/84, AP Nr. 116 beide zu §§ 22, 23 BAT 1975).

Auf Basis dieser Grunddefinition fordern die Tarifvertragsparteien beim Maß der Verantwortung – aufbauend auf den Tätigkeitsmerkmalen der Entgeltgruppe 11 – als weitere Qualifizierung eine besonders weitreichende, hohe Verantwortung des Beschäftigten.

§

BAG vom 20.09.1995

Die TV-Parteien fordern hier ausdrücklich eine erhebliche Heraushebung, so dass – ausgehend von der Basis der Anforderungen der VG IVa FG 1b BAT/VKA – eine beträchtliche, gewichtige Heraushebung und damit eine besonders weitreichende hohe Verantwortung zu fordern ist (z. B. Senatsurteil vom 29.01.1986 – 4 AZR 465/84 – BAG 51, 59 = AP Nr. 115 zu § 22 BAT 1975). **Es handelt sich um eine Spitzengruppe des gehobenen Angestelltendienstes, die einer weiteren Steigerung nicht mehr zugänglich ist.**

...

Zwar ist jeder Angestellte des öffentlichen Dienstes für seine Arbeit in einem allgemeinen Sinne verantwortlich. Eine solche allgemeine Verantwortlichkeit genügt jedoch nicht den Anforderungen der VG III FG 1a BAT/VKA. Vielmehr muss es sich um ein Maß an Verantwortung handeln, **das in der Position des gehobenen Angestelltendienstes nicht mehr nennenswert überboten werden kann.** In Betracht kommt dies

- für Angestellte, die große Arbeitsbereiche zu leiten haben und damit für eine größere Anzahl ihnen unterstellter Mitarbeiter „verantwortlich" sind. ... 8
- für Angestellte, die fachliche oder organisatorische Konzepte für nachgeordnete Bereiche zu erstellen haben und insofern für die ordnungsgemäße Arbeit der nachgeordneten Bereiche die Verantwortung tragen.

(BAG 20.09.1995, 4 AZR 413/94, AP Nr. 205 zu §§ 22, 23 BAT 1975; *Hervorhebungen durch die Verfasser*)

BAG vom 12.06.1996

Dieses Tätigkeitsmerkmal erfüllen beispielsweise Angestellte, die entweder große Arbeitsbereiche bei Verantwortung für mehrere Arbeitsgruppen mit qualifizierten Gruppenleitern leiten

oder

besonders schwierige Grundsatzfragen bei der Lösung von Fragen mit richtungweisender Bedeutung für nachgeordnete Bereiche oder die Allgemeinheit bearbeiten.

(BAG 12.06.1996, 4 AZR 413/94, AP Nr. 33 zu §§ 22, 23 BAT – Sozialarbeiter m. w. N.)

Es sind somit weitreichende Auswirkungen zu fordern. Mit den bloßen Auswirkungen der Tätigkeiten kann keine besondere Verantwortung im Sinne des Tätigkeitsmerkmals begründet werden, weil insoweit damit schon die Bedeutung des Aufgabengebiets im Sinne der niedrigeren Entgeltgruppe betroffen ist (vgl. BAG 29.01.1986, 4 AZR 465/84, AP Nr. 115 zu §§ 22, 23 BAT 1975).

Hingegen sind für die Annahme des Maßes der Verantwortung Mitverantwortung und die weitere Unterstellung des Arbeitnehmers grundsätzlich unschädlich (vgl. BAG 29.01.1986, 4 AZR 465/84, AP Nr. 115 zu §§ 22, 23 BAT 1975 m. w. N.).

In der neueren Rechtsprechung des BAG wurde zudem in Bezug auf die o. g. Frage der **Spitzenstellung** regelmäßig geprüft, in welcher Fachhierarchieebene sich der Arbeitnehmer befindet. Dabei hat das BAG den allgemeinen Rechtssatz entwickelt, dass das herausgehobene Maß der Verantwortung im Sinne einer Spitzenposition nicht mehr vorliegt, wenn sich der Arbeitnehmer in der dritten Fachhierarchieebene befindet. In dieser fachlichen Ebene zweifelt das BAG grundsätzlich an, dass der Arbeitnehmer fachliche Grundsatzfragen richtungsweisender Bedeutung im o. g. Sinne zu bearbeiten hat. Auch das Vorliegen großer Arbeitsbereiche wird regelmäßig zu verneinen sein (vgl. z. B. BAG 12.06.1996, 4 AZR 94/95, AP Nr. 33 zu §§ 22, 23 BAT – Sozialarbeiter m. w. N.).

Praxis-Beispiel 1:

Gruppenleiter in einer Großstadt

Dem Gruppenleiter obliegen – ohne nachgeordnete Organisationseinheiten – die Arbeitsbereiche:

a) Leitung eines Jugendhauses

b) Schutzstellen

c) Jugendnotdienst

d) „Betreutes Wohnen"

Das Maß der Verantwortung ist nicht gegeben, da sich der Gruppenleiter in der dritten Fachhierarchieebene befindet:

1. Fachhierarchieebene: Amtsleiter des Jugendamts

2. Fachhierarchieebene: Abteilungsleiter „Verbundsystem Krisenhilfe"

(vgl. BAG 12.06.1996, 4 AZR 94/95, AP Nr. 33 zu §§ 22, 23 BAT 1975 – Sozialarbeit)

Praxis-Beispiel 2:

Gleichstellungsbeauftragte *(Fortführung des 3. Beispiels von Kapitel 8.3):*

Das Spitzenmaß an Verantwortung wird **nicht** erreicht. Zwar hat die Gleichstellungsbeauftragte in ihrem Bereich dafür einzustehen, dass die zu erledigenden Aufgaben sachgerecht, pünktlich und vorschriftsgemäß ausgeführt werden.

8

1. Hierbei handelt es sich jedoch nicht um eine **größere Abteilung** innerhalb der Dienststelle, in der eine größere Anzahl von Mitarbeitern tätig ist. Der Gleichstellungsbeauftragten ist nur ein Mitarbeiter unterstellt. Die ihr obliegende Verantwortung hat nicht einen solchen Umfang wie die eines Arbeitnehmers, der für die Arbeit mehrerer, ihm unterstellter Mitarbeiter einstehen muss.

2. Auch mit der **konzeptionellen Arbeit** ist nicht eine Verantwortung verbunden, wie sie tariflich gefordert ist. Die von ihr erstellten Konzepte sind **für andere Bereiche der Dienststelle nicht verbindlich.** Insofern übernimmt die Gleich-

stellungsbeauftragte keine Verantwortung für die Arbeit anderer Abteilungen der Dienststelle.

(vgl. BAG 20.09.1995, 4 AZR 413/94, AP Nr. 205 zu §§ 22, 23 BAT 1975)

Teil A Abschnitt I. Ziffer 4.: Entgeltgruppen 13 bis 15

1. Die entsprechende Tätigkeit (Entgeltgruppe 13)

Entgeltgruppe 13

1. **Beschäftigte mit abgeschlossener wissenschaftlicher Hochschulbildung und entsprechender Tätigkeit sowie sonstige Beschäftigte, die aufgrund gleichwertiger Fähigkeiten und ihrer Erfahrungen entsprechende Tätigkeiten ausüben.**
2. **Beschäftigte in kommunalen Einrichtungen und Betrieben, deren Tätigkeit wegen der Schwierigkeit der Aufgaben und der Größe ihrer Verantwortung ebenso zu bewerten ist wie Tätigkeiten nach Fallgruppe 1.**

Engeltgruppe 13 Fallgruppe 1

Neben der abgeschlossenen wissenschaftlichen Hochschulbildung (siehe Ausführungen in Kapitel 7.2) fordert die Entgeltgruppe 13 Fallgruppe 1 eine entsprechende Tätigkeit:

Eine solche entsprechende Tätigkeit im Sinne der Entgeltgruppe 13 Fallgruppe 1 liegt nur vor, wenn die auszuübende Tätigkeit einen sogenannten „akademischen Zuschnitt" aufweist, das heißt die Fähigkeiten erfordert, wie ein einschlägig ausgebildeter Akademiker auf dem entsprechenden Fachgebiet Zusammenhänge zu überschauen und selbständig Ergebnisse zu entwickeln (BAG 15.03.2006, 4 AZR 157/05; BAG 25.10.1972, 4 AZR 511/71, AP Nr. 60 zu §§ 22, 23 BAT; BAG 08.09.1999, 4 AZR 689/98).

Zur Aufgabenlösung muss ein Fachkönnen notwendig sein, das der Stelleninhaber bei seinem speziellen einschlägigen wissenschaftlichem Hochschulstudium erworben hat. Darüber hinaus ist es nicht erforderlich, dass der Stelleninhaber wissenschaftliche Arbeitsweisen und -methoden anwenden muss (BAG 18.05.1977, 4 AZR 18/76, AP Nr. 97 zu §§ 22, 23 BAT).

Das Vorliegen entsprechender Tätigkeiten ist anhand der erforderlichen Berufsbilder (Ausbildungs- und Prüfungsanforderungen) zu prüfen (vgl. z. B. BAG 05.11.2003, 4 AZR 632/02; BAG 28.09.1994, 4 ZR 830/93, AP Nr. 192 zu §§ 22, 23 BAT 1975). Vergleichsgrundlage sind dabei die im Anspruchszeitraum maßgeblichen Studieninhalte. Sie geben die Normaltätigkeit eines einschlägig Ausgebildeten wieder (vgl. BAG 11.02.2004, 4 AZR 684/02, AP Nr. 24 zu §§ 22, 23 BAT-O; vgl. BAG 18.11.2015, 4 AZR 605/13, AP Nr. 335 zu §§ 22, 23 BAT 1975).

Dabei steht der Anerkennung des akademischen Zuschnitts nicht entgegen, dass ein Arbeitnehmer – wie heute üblich – nur auf einem Teilgebiet seines akademischen Fachs eingesetzt wird, wenn dadurch lediglich der allgemeinen Entwicklung zur Spezialisierung Rechnung getragen wird und die auszuübende Tätigkeit ansonsten die o. g. Anforderungen erfüllt (BAG 25.10.1972, 4 AZR 177/77, AP Nr. 10 zu §§ 22, 23 BAT 1975).

Tätigkeiten eines Beschäftigten mit abgeschlossener wissenschaftlicher Hochschulbildung sind dementsprechend gekennzeichnet durch den Einsatz von Konzeptions- und Planungskompetenzen, um Problemstellungen aus der Praxis des jeweiligen Fachgebiets auf wissenschaftlicher Grundlage zu analysieren und Lösungsstrategien zu erarbeiten. Der Arbeitnehmer mit wissenschaftlicher Hochschulbildung ist damit in der Lage, Zusammenhänge (seines akademischen Fachgebiets) zu überblicken und daraus entsprechende Erkenntnisse zu entwickeln (vgl. ständige Rechtsprechung des BAG, z. B. 21.06.2000, 4 AZR 389/99, ZTR 2001, S. 125 ff.).

Beispiele aus der Rechtsprechung

Beispiel 1:

Diplom-Ingenier der Fachrichtung Elektrotechnik

Der Diplom-Ingenieur verfügte über einen Abschluss Diplom-Ingenieur der Fachrichtung Elektrotechnik. Ihm waren folgende Tätigkeiten übertragen: Planerische und gutachterliche Betreuung (technischer, wirtschaftlicher und anwendungsbezogener Art) von technischen Programmen, Ausschreibungen, Errichtungen, Abnahmen und Betrieb von elektroakustischen und fernsehtechnischen Aufnahme-, Wiedergabe- und Speicheranlagen bei Bauvorhaben für das Land Niedersachsen sowie für Kommunalverwaltungen, Organisationen und Institutionen der außerschulischen Bildung sowie Mitwirkung in der Aus- und Weiterbildung von Ausbildern (vgl. BAG 06.06.1984, 4 AZR 203/82, AP Nr. 91 zu §§ 22, 23 BAT 1975).

Beispiel 2:

Diplom-Soziologe

Dem Mitarbeiter waren als ausgebildetem Diplom-Soziologen folgende Tätigkeiten übertragen: Leitung der Referategruppe „Gesundheitsschutz“ und Leitung des Referats „Reproduktions-

und Transplantationsmedizin" innerhalb der o. g. Referategruppe (vgl. BAG 26.01.2005, 4 AZR 6/04, AP Nr. 302 zu §§ 22, 23 BAT 1975).

Beispiel 3:

Diplom-Biologe

Als Diplom-Biologe oblag dem Mitarbeiter die Erstellung kriminaltechnischer Gutachten mittels DNA-Analytik (vgl. BAG 11.02.2004, 4 AZR 684/02, AP Nr. 24 zu §§ 22, 23 BAT-O).

In allen drei Beispielen wurden die entsprechenden Tätigkeiten anerkannt, da die Stelleninhaber über den jeweils einschlägigen wissenschaftlichen Hochschulabschluss im Vergleich zur auszuübenden Tätigkeit verfügten und sich die übertragenen Aufgaben und das dazu erforderliche Wissen und Können den jeweiligen Ausbildungs- und Prüfungsanforderungen zuordnen ließ.

Engeltgruppe 13 Fallgruppe 2

Die Fallgruppe 2 der Entgeltgruppe 13 baut gedanklich auf die Anforderungen der Fallgruppe 1 auf und fordert, dass die Tätigkeit von Beschäftigten in kommunalen Einrichtungen und Betrieben wegen der Schwierigkeit der Aufgaben und der Größe ihrer Verantwortung ebenso zu bewerten ist wie Tätigkeiten nach Fallgruppe 1.

Im Gegensatz zu der Regelung in der ersten Fallgruppe, wo bei Nichtakademikern neben den „entsprechenden Tätigkeiten" außerdem „gleichwertige Fähigkeiten und Erfahrungen" gefordert werden, kommt es bei den Beschäftigen in „kommunalen Einrichtungen und Betrieben" lediglich darauf an, ob die bewertungsrelevante Tätigkeit objektiv nach dem Maß ihrer Schwierigkeit und der geforderten Verantwortung einer solchen nach der allgemeinen, in Bezug genommenen Fallgruppe 1 der Entgeltgruppe 13 entspricht. Ob der betreffende Mitarbeiter persönlich über die entsprechenden Fähigkeiten und Erfahrungen verfügt, ist hier gerade kein tarifliches Tätigkeitsmerkmal (siehe zur vergleichbaren Rechtslage im alten BAT-VKA: BAG 06.09.1972, 4 AZR 422/71, AP Nr. 2 zu § 4 BAT).

Praxis-Tipp:

Es kommt also allein auf die auszuübende Tätigkeit an. Die Ausbildungsanforderungen (Akademiker oder Sonstiger) der Fallgruppe 1 greifen hingegen nicht!

Die Anforderungen der Fallgruppe 2 finden sich auch in den Fallgruppen 2 der Entgeltgruppen 14 und 15. Die obigen Anforderungen gelten für diese entsprechend (siehe zur vergleichbaren Rechtslage im alten BAT-VKA: BAG 06.09.1972, 4 AZR 422/71, AP Nr. 2 zu § 4 BAT).

2. Die besondere Schwierigkeit und Bedeutung im Sinne der Entgeltgruppen 14 und 15

§

Entgeltgruppe 14

1. **Beschäftigte der Entgeltgruppe 13 Fallgruppe 1, deren Tätigkeit sich mindestens zu einem Drittel**
   - **durch besondere Schwierigkeit und Bedeutung oder**
   - **durch das Erfordernis hochwertiger Leistungen bei besonders schwierigen Aufgaben**

   aus der Entgeltgruppe 13 Fallgruppe 1 heraushebt.

§

Entgeltgruppe 15

1. **Beschäftigte der Entgeltgruppe 13 Fallgruppe 1, deren Tätigkeit sich**
   - **durch besondere Schwierigkeit und Bedeutung sowie**
   - **erheblich durch das Maß der damit verbundenen Verantwortung**

   aus der Entgeltgruppe 13 Fallgruppe 1 heraushebt.

Zunächst ist zu beachten, dass die Tarifvertragsparteien mit Entgeltgruppe 14 mehrere Tätigkeitsmerkmale normiert haben, die durch das Wort „oder" in einem Alternativverhältnis zueinander stehen. Eine Eingruppierung in Entgeltgruppe 14 ist somit entweder durch die besondere Schwierigkeit der Tätigkeit **oder** durch das Erfordernis hochwertiger Leistungen bei besonders schwierigen Aufgaben gegeben.

Der Begriff der besonderen Schwierigkeit und Bedeutung wurde bereits unter Kapitel 8.3 näher erläutert, daher kann auf die dortigen

Ausführungen verwiesen werden. In diesen Fällen wurde die besondere Schwierigkeit und Bedeutung im Sinne der Entgeltgruppe 14 bzw. 15 anerkannt:

Beispiel 1:

Referatsleiter Konstruktiver Ingenieurbau

Das Referat ist zuständig für die Aufnahme, Speicherung und Auswertung der Daten von Bauwerken an überörtlichen Straßen des Landes Rheinland-Pfalz sowie für die Entwicklung und den Test der dazugehörigen EDV-Programme (sog. Bauwerksinformationssystem). Dieses vom Referatsleiter und den fünf Mitarbeitern seines Referats (zwei Ingenieure, ein Techniker, zwei Sachbearbeiter) entwickelte Informationssystem ist das erste EDV-Informationssystem der Bundesrepublik Deutschland für Bauwerke an Straßen des überörtlichen Verkehrs. Bei diesen Bauwerken handelt es sich um Brücken, Tunnel und Stützmauern.

Die besondere Schwierigkeit kann in diesem Fall durch die Kompliziertheit der Materie begründet werden, konkret aufgrund der besonderen Beziehung der ingenieurmäßigen Kenntnisse und Fähigkeiten des Referatsleiters zum EDV-Informationswesen. Der Referatsleiter muss sein Wissen und Können im Hochbauwesen auf einem anderen Prinzipien unterstehenden Wissensgebiet (dem der EDV) einsetzen. Hierbei kommt er nicht nur am Rande mit dem anderen Gebiet in Berührung, sondern muss dieses Gebiet sowohl von der Sache her als auch aufgrund seiner Leitungsfunktion voll integrieren. Er muss in seinem Referat eine große Anzahl von Bauwerken, die zum Teil erhebliche Unterschiede aufweisen, mit ihren bautechnischen wesentlichen Merkmalen auf möglichst zweckmäßige und in der Praxis verwertbare Weise erfassen und bearbeiten lassen und muss das daraus gebildete Informationssystem auf dem Laufenden halten.

(vgl. BAG 10.02.1982, 4 AZR 466/79, AP Nr. 56 zu §§ 22, 23 BAT 1975)

Beispiel 2:

Abteilungsleiter im Tiefbauamt einer Großstadt

Die Abteilung ist zuständig für:

- projektbezogene Angelegenheiten der Eisenbahnen und U-Bahnen, soweit Belange der Baubehörde berührt werden
- grundsätzliche Anliegen des nichtschienengebundenen öffentlichen Nahverkehrs, soweit Belange des Tiefbauamtes berührt werden
- die Ermittlung überörtlicher Leitungstrassen für Eisen- und U-Bahnen

Dies alles gilt mit Ausnahme der Aufgaben des Schnellbahnneubaues und der technischen Aufsicht über U-Bahnen. Dem Abteilungsleiter obliegen:

1. Führungsaufgaben zu 20 Prozent an der Gesamtarbeitszeit
2. Fachaufgaben zu 80 Prozent an der Gesamtarbeitszeit, hier die Wahrnehmung der Aufgaben als Träger der Straßenbaulast mit diesen Einzeltätigkeiten

- Aufstellung und Abschluss von Vereinbarungen mit den Verkehrsunternehmen bei der Änderung vorhandener oder der Herstellung neuer Eisenbahnkreuzungen im Rahmen einzelner Bauvorhaben. Hier kann der Abteilungsleiter nach innerbetrieblicher Abstimmung selbstständig entscheiden. Das Baurechtsamt überprüft insoweit die rechtlichen Aspekte.
- Auslegung und eigenverantwortliche Verhandlung mit den Verkehrsunternehmen über Maßnahmen an vorhandenen Eisenbahnkreuzungen aufgrund bestehender Verträge. Hier wirkt der Abteilungsleiter an der Erarbeitung und dem Abschluss von öffentlich-rechtlichen Verträgen lediglich mit.

(vgl. BAG 24.06.1998, 4 AZR 304/97, AP Nr. 241 zu §§ 22, 23 BAT 1975)

Beispiel 3:

Juristischer Mitarbeiter

Dem Mitarbeiter in einer Kreisverwaltung oblag die Beratung und Unterstützung der Fach- und politischen Ebenen eines Landkreises in juristischen Fragen der Rechnungs- und Gemeindeprüfung, des Bereichs Bau- und Liegenschaften, der Finanzverwaltung, der offenen Vermögensfragen und der Zentralen Dienste, hier vor allem auf den Gebieten des Arbeits- und Beamtenrechts.

Die besondere Schwierigkeit ergibt sich vor allem aus zwei Aspekten: Zum einen aus der Breite und Tiefe des erforderlichen juristischen Wissens. So benötigt der Mitarbeiter Kenntnisse auf den Gebieten:

- Arbeitsrecht
- Beamtenrecht (einschließlich Disziplinarrecht)
- kommunales Haushaltsrecht bezüglich der eigenen Haushaltsführung und der der kreisangehörigen Gemeinden
- offene Vermögensfragen (öffentlich-rechtliche und privatrechtliche Aspekte)

Im Vergleich zu den Ausbildungs- und Prüfungsanforderungen wird deutlich, dass Fragen des Beamtenrechts und des kommunalen Haushaltsrechts allenfalls in Grundzügen Studieninhalt sind, während offene Vermögensfragen nicht zu den Bestandteilen der juristischen Ausbildung zählen. Der Mitarbeiter musste somit über juristische Kenntnisse verfügen, die in Breite und Tiefe über den regulären Studieninhalt hinausgehen. Zum anderen war er bei der Lösung dieser Fragen auf sich allein gestellt. Aufgrund der Organisationsstruktur des Kreises gibt es weder einen ebenfalls juristisch ausgebildeten Vorgesetzten, der die Arbeit entsprechend dem Können und der Berufserfahrung einteilt und der auch einen Teil der Verantwortung für die Tätigkeit trägt, noch gibt es verbindliche Mechanismen der gegenseitigen Hilfe und Kontrolle der anderen Juristen der Kreisverwaltung untereinander. Beides, die Breite des geforderten Fachwissens und die fehlende Einbindung in eine Ämterstruktur mit mehreren juristischen Fachleuten, führen zur Anerkennung der besonderen Schwierigkeit.

Die Bedeutung im tariflichen Sinne ergibt sich aus der besonderen Stellung, die dem Mitarbeiter eingeräumt wurde, um den Anforderungen aus § 115 Abs. 8 Kommunalverfassung MV zu genügen. Nach dieser Vorschrift muss der Landrat oder ein ihm unmittelbar nachgeordneter leitender Mitarbeiter des Landkreises die Befähigung zum höheren allgemeinen Verwaltungsdienst (in der heutigen Fassung des Gesetzes: zum Richteramt) besitzen. Mit dieser Anforderung will der Gesetzgeber offensichtlich sicherstellen, dass der Landkreis ordentlich und auf gesetzlicher Grundlage geführt wird und auch die Einwohner des Landkreises dem Recht und Gesetz entsprechend behandelt werden. Der Anforderung kommt daher eine überragende Bedeutung zu.

Seinerzeit verfügten weder der Landrat noch seine beiden Beigeordneten über die notwendige Laufbahnbefähigung. Um die Wahl des Landrats und der Beigeordneten dennoch rechtlich unangreifbar zu machen, wurde der juristische Mitarbeiter, der diese Befähigung mitbringt, vermittelt durch die Position des Leiters der zentralen Steuerungsunterstützung zu einer außerordentlichen Führungskraft erhoben und in den Verwaltungsrat und den Kreisausschuss eingebunden. Der Mitarbeiter sollte somit wie normalerweise der Landrat oder jedenfalls einer der Beigeordneten den für die Führung der Verwaltung eines Landkreises notwendigen professionellen Fachverstand mit einbringen. Auf ihm allein lastete seinerzeit die besondere Verantwortung, die der Gesetzgeber mit dem Erfordernis der Befähigung zum höheren Verwaltungsdienst verbunden hat, nämlich das Einstehen für die Rechtmäßigkeit des Verwaltungshandelns. Diese Funktion geht weit über eine normale juristische Beratungstätigkeit hinaus, denn der Mitarbeiter muss nicht nur auf an ihn herangetragene Problemstellungen reagieren, sondern er hat die Verantwortung für die Rechtmäßigkeit des Verwaltungshandelns getragen und musste daher ggf. auch ungefragt intervenieren, wenn er den Eindruck hatte, dass in der Verwaltungsspitze Pläne erwogen werden, die sich rechtlich nicht verwirklichen lassen.

Die Bedeutung dieser ungewöhnlichen Rolle innerhalb der seinerzeitigen Führungsmannschaft des Landkreises kann eigentlich gar nicht hoch genug eingeschätzt werden. Die seinerzeitige Tätigkeit des Mitarbeiters mag vielleicht keine oder jedenfalls nur wenige sichtbare Auswirkungen gehabt haben. Das liegt aber an dem Gegenstand seiner dortigen Tätigkeit, denn im Verhältnis zu den durch ihre Wahl mit besonderer Macht und Einfluss ausgestatteten übrigen Mitgliedern der Führungsebene hatte der Mitarbeiter vor allem die Rolle des Mahners, des Bedenkenträgers und des Bremsers einzunehmen, um auf diese Weise die Rechtmäßigkeit des Verwaltungshandelns abzusichern.

Dass die Bedeutung dieser besonderen Form der beratenden Tätigkeit des Mitarbeiters weit über die Bedeutung einer sachbearbeitenden juristischen Tätigkeit in den ersten Berufsjahren hinausgeht, braucht wohl nicht weiter ausgeführt zu werden.

(vgl. LAG M-V 26.10.2010, 5 Sa 134/09 m. w. N., zit. nach www.personalpraxis24.de)

3. Hochwertige Leistungen bei besonders schwierigen Aufgaben im Sinne der Entgeltgruppe 14

Diese Merkmalkombination des alten BAT hat in der Eingruppierungspraxis faktisch keine Bedeutung erlangt. Dementsprechend finden sich kaum nähere Ausführungen in Rechtsprechung und Literatur.

Hochwertige Leistungen setzen eine besondere Aufgabenstellung voraus. Die Erfüllung dieser Aufgabenstellung muss ein besonderes Gewicht für die Dienststelle haben, so dass sich daraus eine herausragende Bedeutung im Hinblick auf das Ergebnis und die damit verbundene Verantwortung ergibt. Dementsprechend sind hochwertige Leistungen nur dann anzunehmen, wenn über das eigentliche Fachgebiet hinaus umfassende organisatorische Aufgaben oder
9 leitende Funktionen in einem größeren Arbeitsbereich auszuüben sind (vgl. Bauer/Bockholt, Rn. 264). Besonders schwierige Aufgaben erfordern erheblich über dem Durchschnitt liegende fachliche Anforderungen (vgl. Bauer/Bockholt, Rn. 275).

4. Das Maß der Verantwortung im Sinne der Entgeltgruppe 15

Entgeltgruppe 15

1. **Beschäftigte der Entgeltgruppe 13 Fallgruppe 1, deren Tätigkeit sich**
   - **durch besondere Schwierigkeit und Bedeutung sowie**
   - **erheblich durch das Maß der damit verbundenen Verantwortung**

   aus der Entgeltgruppe 13 Fallgruppe 1 heraushebt.

Die Tarifvertragsparteien haben hier Tätigkeitsmerkmale normiert, die durch das verbindende Wort „sowie" in einem Kumulativverhältnis zueinander stehen. Eine Eingruppierung in Entgeltgruppe 15 ist somit durch die besondere Schwierigkeit und Bedeutung der Tätigkeit **sowie** durch das Maß der mit der Tätigkeit verbundenen Verantwortung gegeben.

Die generellen Anforderungen an das Maß der Verantwortung wurden bereits unter Kapitel 8.4 näher erläutert. Im folgenden Fall wurde das erhebliche Maß der Verantwortung im Sinne der Entgeltgruppe 15 nicht anerkannt:

Praxis-Beispiel 1: Tätigkeiten der Referatsleitung auf den Gebieten „Gesundheitsschutz" und „Reproduktions- und Transplantationsmedizin"

(Fortführung des 2. Beispiels in Kapitel 9.1):

Die Leitung der aus ursprünglich sechs und später fünf Referaten bestehenden Referategruppe „Gesundheitsschutz" als solche hebt sich nicht durch das Maß der damit verbundenen Verantwortung erheblich aus der Vergütungsgruppe Ib Fallgruppe 1a heraus. Wenn das Merkmal der Verantwortung bereits begrifflich das Einstehenmüssen für die Tätigkeit von anderen Bediensteten umfasst (Senat 24.06.1998 – 4 AZR 304/97 – AP BAT 1975 § 22 Nr. 241[I 3.2.1 der Gründe]), bedarf es für die Erfüllung des Tatbestandsmerkmals der „erheblichen Heraushebung durch das Maß der Verantwortung" **einer über die normale Vorgesetztenstellung deutlich hinausgehenden Stellung**. Dabei muss es sich – auch nach Einführung der VG I – um eine Spitzenstellung des höheren Dienstes mit großem Arbeitsbereich, vorwiegend in der Leitung **großer Organisationseinheiten oder** mit der **Entscheidungskompetenz über Grundsatzfragen allgemeiner und richtungsweisender Bedeutung** handeln.

(BAG 26.01.2005, 4 AZR 6/04, AP Nr. 302 zu §§ 22, 23 BAT 1975 m. w. N.; *Hervorhebungen durch die Verfasser*)

Hingegen war dieses Arbeitsfeld ausreichend für die Anerkennung des erheblichen Maßes an Verantwortung im Sinne der Entgeltgruppe 15:

Praxis-Beispiel 2: Abteilungsleiter Hochbaubezirk Süd im staatlichen Hochbau- und Vermögensamt

Der Abteilungsleiter befand sich in der zweiten Fachhierarchieebene unter dem Amtsleiter. Ihm waren drei Mitarbeiter des höheren Dienstes, 14 Mitarbeiter des gehobenen Dienstes und zwei Verwaltungsmitarbeiter unterstellt. Hinzu kam die Steuerung neun freier Mitarbeiter (vergleichbar dem höheren Dienst). Die Aufgaben der Abteilungsleitung umfassten im Wesentlichen:

- Planung und Durchführung sämtlicher Baumaßnahmen im Bezirk insbesondere durch Entwicklung und Überwachung in Form von Rahmenvorgaben, Zielvorgaben für Einzelbauprojekte der Honorarzone IV Honorarordnung für Architekten und Ingenieure (überdurchschnittliche Planungsanforderungen)
- Vergabe von Baumaßnahmen bis zu 1,25 Mio. Euro
- Bauherrenvertreter
- Führung der unterstellten Mitarbeiter und Steuerung der freien Mitarbeiter

Im Rahmen dieser Aufgaben war die Abteilungsleitung gemäß Geschäftsverteilungsplan verantwortlich für die Wirtschaftlichkeit, Angemessenheit, Fachgerechtigkeit, aber auch für die gestalterische und technische Qualität der Aufgabenerledigung bei Baumaßnahmen. Das erhebliche Maß der Verantwortung wurde damit begründet, dass die Abteilungsleitung einen personell großen Arbeitsbereich im Vergleich zu den anderen Abteilungen des Arbeitgebers zu führen hat, zu dem neben der Führung der unterstellten Mitarbeiter hinaus auch die Steuerung der freien Mitarbeiter zählt. Darüber hinaus ergibt sich die herausgehobene Verantwortung aus der behördeninternen Verantwortung mit entsprechender Haftung im Rahmen der Bauherrenvertretung, der Befugnis zu Vergabeentscheidungen und damit aus der Sicherstellung einer behördenangemessenen Unterbringung im zugewiesenen Landesteil/Bezirk (vgl. LAG BW 30.01.2003, 22 Sa 29/02, zit. nach www.personalpraxis24.de).

5. Eingruppierung nach der Zahl der Unterstellten

Neben den o. g. Heraushebungsmerkmalen eröffnet sich in den Entgeltgruppen 14 und 15 auch eine Eingruppierung über die Zahl der unterstellten Mitarbeiter:

§ **Entgeltgruppe 14 Fallgruppe 3**

Beschäftigte der Entgeltgruppe 13 Fallgruppe 1, denen mindestens drei Beschäftigte mindestens der Entgeltgruppe 13 durch ausdrückliche Anordnung ständig unterstellt sind.

§ **Entgeltgruppe 15 Fallgruppe 3**

Beschäftigte der Entgeltgruppe 13 Fallgruppe 1, denen mindestens fünf Beschäftigte mindestens der Entgeltgruppe 13 durch ausdrückliche Anordnung ständig unterstellt sind.

Die Tätigkeitsmerkmale eröffnen somit die Eingruppierung über Leitungsfunktionen.

Zunächst muss die Leitungstätigkeit selbst das Niveau einer abgeschlossenen wissenschaftlichen Hochschulbildung erfüllen, was der jeweils erste Halbsatz verdeutlicht.

Ist diese Anforderung erfüllt, gilt es diese Anforderungen an die Leitungsfunktion gemäß der Protokollerklärung zu prüfen:

§ **Protokollerklärung**

Bei der Zahl der Unterstellten zählen nicht mit:

a) Beschäftigte der Entgeltgruppe 13 nach Abschnitt II Ziffern 2 und 3,

b) Beamte des gehobenen Dienstes der Besoldungsgruppe A 13.

Daraus folgt ein Dreiklang:

1. ständige Unterstellung
2. durch ausdrückliche Anordnung
3. von drei bzw. fünf Beschäftigten mindestens der Entgeltgruppe 13

Ständige Unterstellung

Unterstellung bedeutet, dass dem Leiter gegenüber den unterstellten Mitarbeitern eine Weisungs- und Aufsichtsbefugnis zusteht.

Bei der Aufsichtsbefugnis kann es sich um Fach-, Rechts- oder bloße Dienstaufsicht handeln (vgl. BAG 11.11.1987, 4 AZR 336/87, AP Nr. 140 zu §§ 22, 23 BAT 1975 m. w. N.). Darüber hinaus muss eine dienstlich-organisatorische Weisungsbefugnis vorliegen. Diese erfordert grundsätzlich die Beschäftigung von vorgesetzten und unterstellten Arbeitnehmern in derselben Organisationseinheit (vgl. BAG 22.03.2000, 4 AZR 118/99, AP Nr. 278 zu §§ 22, 23 BAT 1975 m. w. N.).

So wird ein Mitarbeiter, dem wiederum andere Mitarbeiter zugeordnet sind, regelmäßig auch als Leiter dieser Organisationseinheit bezeichnet. Leitung bedeutet dabei im Sinne der Verwaltungssprache die Verbindung von Aufgaben der Planung, Organisation, Anweisung, Koordination und Kontrolle, das heißt die organisatorische Gesamtzuständigkeit für die übertragene Aufgabe (vgl. BAG 23.10.1996, 4 AZR 270/95, AP Nr. 220 zu §§ 22, 23 BAT 1975 m. w. N.). So setzt auch die „ständige Unterstellung" voraus, dass die zugeordneten Mitarbeiter dem Leiter unmittelbar zugeordnet sind. Eine mittelbare Unterstellung im Rahmen der Behördenhierarchie reicht nicht aus (vgl. BAG 26.01.2005, 4 AZR 6/04, AP Nr. 302 zu §§ 22, 23 BAT 1975).

Das Wort „ständig" verdeutlicht, dass die Weisungs- und Aufsichtsrechte auf Dauer bestehen und nicht nur für einen vorübergehenden Zeitraum (vgl. BAG 11.11.1987, 4 AZR 336/87, AP Nr. 140 zu §§ 22, 23 BAT 1975 m. w. N.). In diesem Sinne ist eine ständige Unterstellung dann anzunehmen, wenn die Unterstellung auf eine gewisse, nicht unerhebliche Zeit erfolgt. Eine nicht unerhebliche Zeit ist zumindest dann gegeben, wenn sie ein Jahr andauert. Ob der Arbeitsvertrag der/des unterstellten Angestellten befristet ist, ist dabei unerheblich (vgl. BAG 20.02.1991, 4 AZR 408/90, AP Nr. 16 zu § 24 BAT).

Zum anderen bedeutet ständig, dass der Beschäftigte seine o. g.
9 Aufsichts- und Weisungsrechte gegenüber den Unterstellten dauerhaft und fortwährend ausübt. Der Beschäftigte muss also jederzeit – während der gesamten Arbeitszeit – in der Lage sein, durch Erteilung entsprechender Anordnungen seine Aufsichts- und Weisungsrechte aktiv wahrzunehmen, selbst dann, wenn er gerade mit anderen (eigenen Fach-)Aufgaben beschäftigt ist. Auf den Zeitanteil für den tatsächlichen Aufwand für diese Führungsaufgaben kommt es damit nicht an. Führungs- und Fachaufgaben bilden eine untrennbare Arbeitseinheit, einen Arbeitsvorgang (vgl. BAG 20.06.1990,

4 AZR 91/90, AP Nr. 150 zu §§ 22, 23 BAT 1975 m. w. N. auf die Rechtsprechung des BAG).

Ausdrückliche Anordnung

Das Merkmal „ausdrückliche Anordnung" fordert, dass die Übertragung durch das zuständige Organ des jeweiligen öffentlichen Arbeitgebers getroffen worden ist (vgl. BAG 25.10.1995, 4 AZR 479/94, AP Nr. 207 zu §§ 22, 23 BAT 1975 m. w. N.; BAG 12.03.2008, 4 AZR 67/07, AP Nr. 36 zu §§ 22, 23 BAT-O).

Es handelt sich um eine den Inhalt des Arbeitsvertrages betreffende Willenserklärung. Diese muss demnach vom zuständigen Organ des Arbeitgebers ausgesprochen und dem Angestellten zugegangen sein (vgl. BAG 12.03.2008, 4 AZR 67/07, AP Nr. 36 zu §§ 22, 23 BAT-O; BAG 25.10.1995, 4 AZR 479/94, AP Nr. 207 zu §§ 22, 23 BAT 1975 m. w. N.).

Das zuständige Organ kann die ausdrückliche Anordnung durch eine entsprechende schriftliche oder mündliche Erklärung, aber auch durch Dienstanweisungen, Verwaltungsverfügungen und Geschäftsverteilungspläne vornehmen, die dem Beschäftigten zugehen. Konkludentes Verhalten des öffentlichen Arbeitgebers oder die lediglich faktische Herstellung entsprechender Organisationsformen in der Verwaltung sind nicht ausreichend, auch nicht die Benachrichtigung lediglich der unterstellten Beschäftigten (vgl. BAG 11.11.1987, 4 AZR 336/87, AP Nr. 140 zu §§ 22, 23 BAT 1975 m. w. N.; BAG 12.03.2008, 4 AZR 67/07, AP Nr. 36 zu §§ 22, 23 BAT-O).

Zahl der Unterstellten

Gemäß der Vorbemerkung Nr. 9 sind neben der Protokollerklärung zu Entgeltgruppe 14 und 15 folgende Regeln bei der Ermittlung der Anzahl zu beachten:

§

9. Unterstellungsverhältnisse

[1]Soweit die Eingruppierung von der Zahl der unterstellten oder in der Regel unterstellten Beschäftigten abhängig ist, rechnen hierzu auch Beamtinnen und Beamte der vergleichbaren Besoldungsgruppen. [2]Für diesen Zweck ist vergleichbar:

Entgeltgruppe	Besoldungsgruppe
2	A 2
3	A 3
4	A 4
5	A 5
6	A 6
7	A 7
8	A 8
9a, 9b, 9c	A 9
10	A 10
11	A 11
12	A 12
13	A 13
14	A 14
15	A 15

[3]Bei der Zahl der unterstellten oder in der Regel unterstellten bzw. beaufsichtigten oder der in dem betreffenden Bereich beschäftigten Personen zählen Teilzeitbeschäftigte entsprechend dem Verhältnis der mit ihnen im Arbeitsvertrag vereinbarten Arbeitszeit zur regelmäßigen Arbeitszeit einer/eines Vollzeitbeschäftigten. [4]Für die Eingruppierung ist es unschädlich, wenn im Organisations- und Stellenplan zur Besetzung ausgewiesene Stellen nicht besetzt sind.

Der Weg zur Eingruppierung

1. Die Stellenbeschreibung als Basis

Anders als die Arbeitsvertragsrichtlinien der Evangelischen Kirche (in Bayern; vgl. Richter/Gamisch, AVR) verzichtet der TVöD-VKA – wie auch der TV-L und der TVöD-Bund – weiterhin auf eine ausdrückliche Nennung der Stellenbeschreibung als Grundlage jeder Eingruppierung.

Wichtig: Gleichwohl kann ohne tarifkonforme Stellenbeschreibungen nicht eingruppiert werden (vgl. Richter/Gamisch/Mohr, Grundlagen, S. 79; Richter/Gamisch/Mohr, StB, S. 21; Richter/Gamisch/Mohr, gEG, IV.C.1.1). Das Fehlen von Stellenbeschreibungen führt regelmäßig zu übertariflichen Eingruppierungen. Darüber hinaus ist die Stellenbeschreibung ein unverzichtbares Führungsinstrument.

2. Die Funktionen der Stellenbeschreibung

Die tarifkonforme Stellenbeschreibung behält ihre zentrale Bedeutung (vgl. Richter/Gamisch/Mohr, Grundlagen, S. 79 ff.; Richter/Gamisch/Mohr, StB, S. 21).

Sie ist zunächst ein wertvolles Führungsinstrument (z. B. bei der diskriminierungsfreien Stellenbesetzung, Arbeitsvertragsgestaltung und der Einarbeitung neuer Mitarbeiter; vgl. Richter/Gamisch, DÖD 2012, S. 1 ff.). Zugleich bildet sie die unerlässliche Grundlage bei der Anwendung leistungsorientierter Bezahlung gemäß § 17 Abs. 2 TVöD-VKA und § 18 TVöD-VKA. Ohne Stellenbeschreibung kann zudem die korrekte Eingruppierung auch zukünftig nicht ermittelt werden.

Bei der leistungsorientierten Bezahlung über Zielvereinbarungs- oder Bewertungsgespräche mithilfe der systematischen Leistungsbewertung oder der Anwendung des Beurteilungsrechts der Beamten ist eine Gesprächsgrundlage erforderlich:

- Wie sollen Ziele vereinbart werden, wenn bereits Unsicherheit über die „normale" Tätigkeit besteht?
- Wann ist eine Leistung gut oder schlecht?

Wichtig: „Ohne Stellenbeschreibung ist Beurteilung sinnlos."

(Ein Beurteiler; Grunow, Personalbeurteilung, Stuttgart 1976, S. 45)

Praxis-Tipp:

Das Stellenbeschreibungsformular (vgl. die nachfolgenden Seiten) enthält die Angabe über die gemäß § 618 BGB i. V. m. § 5 ArbSchG für jeden Arbeitsplatz anzufertigende Gefährdungsbeurteilung (vgl. Repkewitz/Richter-Richter/Gamisch, Stichwort: Gefährdungsbeurteilung). Damit dient die Stellenbeschreibung auch dem Arbeitsschutz.

3. Das Stellenbeschreibungsformular

Die nachfolgenden Seiten zeigen ein aktuelles Stellenbeschreibungsformular.

Unternehmen/Dienststelle

Stellenbeschreibung

1. Organisatorische Eingliederung der Stelle

1.1 Organisationseinheit: ______________________

(Fachbereich/Abteilung/Team)

1.2 Stellenbezeichnung: ______________________

1.3 Stellennummer: ______________________

1.4 Unterstellung:

1.4.1 fachlich: ______________________

1.4.2 disziplinarisch: ______________________

(Angabe der unmittelbar vorgesetzten Stelle/n)

1.5 Überstellung: *(Angabe der ständig unmittelbar unterstellten Stellen)*

fachlich	*disziplinarisch*	*Anzahl*	*Stellenanteil*	*Stellenbezeichnung*	*Stellennummer*

1.6 Stellvertretung

1.6.1 Aktive Stellvertretung *(= der Stelleninhaber vertritt):*

a) ständig / b) in Abwesenheit	*Stellenbezeichnung*	*Stellen-nummer*	*Vertretungsbereiche (Eintragen der lfd. Nr. gem. 4. Tätigkeitsbeschreibung)*

1.6.2 Passive Stellvertretung *(= der Stelleninhaber wird vertreten durch):*

a) ständig / b) in Abwesenheit	*Stellenbezeichnung*	*Stellen-nummer*	*Vertretungsbereiche (Eintragen der lfd. Nr. gem. 4. Tätigkeitsbeschreibung)*

2. Arbeitszeit/Beschäftigungsumfang der Stelle

☐ Vollzeit ☐ Teilzeit mit ☐ ______ % Anteil Vollzeit

☐ ______ Wochenstunden

3. Ziel(e) der Stelle

(Angabe der zu erreichenden Ziele/Arbeitsergebnisse)

10

Die männliche Sprachform erfasst weibliche und männliche Stelleninhaber gleichermaßen.

Seite 2 – Stellenbeschreibung: <Stellenbezeichnung>, Stellennummer: < Stellennummer >

4. Tätigkeitsbeschreibung

Lfd. Nr.	a) Beschreibung der Arbeitsvorgänge gem. § 12 TVöD-VKA *(Angabe der wesentlichen inhaltlichen Arbeitsschritte zur Zielerreichung)* b) einzusetzende Kenntnisse und Vorschriften *(mit Angabe der Paragraphen/Abschnitte etc. bei Gesetzen, Verordnungen, internen Richtlinien, etc.)*	Zeit-anteil in %
4.1	a) b)	
4.2	a) b)	
4.3	a) b)	
4.4	a) b)	

5. Befugnisse

5.1 Unterschrifts- und Feststellungsbefugnisse:

(Unterschriftsberechtigungen nach innen [wie z. B. Zeichnung der fachtechnischen und sachlichen Richtigkeit] und außen [wie z. B. Handlungsvollmacht, Prokura])

5.2 Entscheidungsbefugnisse:

(Fällen von Sachentscheidungen durch Ausfüllen von Ermessens-, Beurteilungs-, Gestaltungsspielräumen)

5.3 Weisungsbefugnisse:

(Rechte zur Bestimmung des Verhaltens und Handelns anderer Stellen; ggü. den gem. 1.5 zugeordneten Stellen bzw. im Einzelfall)

10

Die männliche Sprachform erfasst weibliche und männliche Stelleninhaber gleichermaßen.

Seite 3 – Stellenbeschreibung: <Stellenbezeichnung>, Stellennummer: < Stellennummer >

6. Erforderliche berufliche Qualifikation(en) und Erfahrung(en)

(berufsbildender Abschluss, Prüfungen, mehr-/langjährige Berufserfahrung)

bzw. vergleichbare Kenntnisse/Fähigkeiten/Erfahrungen

7. Personalwirtschaftliche Angaben

7.1 ☐ Erstellt (Erstfassung-Version 1) / ☐ Geänderte Fassung, Version: ____

Datum: Ort, den ______ von: ____________________

(zuständiger Mitarbeiter der Personalabteilung)

7.2 In-Kraft-Treten:

Datum: Ort, den ______ Unterschrift: ____________________

(Personalleitung)

____

(Dienststellen-/Unternehmensleitung)

7.3 Kenntnisnahme des Stelleninhabers:

Ich habe die von mir regelmäßig auszuübenden Tätigkeiten gemäß vorliegender Stellenbeschreibung zur Kenntnis genommen. Darüber hinaus sind die weiterführenden Informationen des Vorgesetzten zu beachten.

Mir ist darüber hinaus bekannt, dass ich verpflichtet bin, relevante Informationen dem zuständigen Vorgesetzten rechtzeitig und der Situation angemessen weiterzugeben und auf Weisung des Vorgesetzten Einzelaufträge auszuführen, die dem Wesen nach zu meinem Tätigkeitsgebiet gehören oder sich aus der dienstlichen/betrieblichen Notwendigkeit ergeben.

Datum: Ort, den ______ Unterschrift: ____________________

(Stelleninhaber)

7.4 Kenntnisnahme der vorgesetzten Stelle/n (siehe 1.4):

Datum: Ort, den ______ Unterschrift: ____________________

(zu 1.4.1)

____

(zu 1.4.2)

7.5 Gefährdungsbeurteilung zum Arbeitsplatz

☒ durchgeführt (s. Anhang)

Die männliche Sprachform erfasst weibliche und männliche Stelleninhaber gleichermaßen.

(Richter/Gamisch/Mohr, StB, S. 143 ff.; Richter/Gamisch/Mohr, gEG, IV.C.5.4)

4. Die Bewertung der Stelle

Unter einer Stellenbewertung ist die Zuordnung der anhand der Stellenbeschreibung festgestellten Arbeitsvorgänge unter die einschlägigen Tätigkeitsmerkmale der Entgeltordnung zu verstehen. Sie bildet die Grundlage für die Eingruppierung des Beschäftigten (vgl. BAG 17.11.2010, 7 ABR 123/09, AP Nr. 47 zu § 99 BetrVG 1972). Da Stellenbewertungen funktions- und nicht personenbezogen sind, liegt keine Eingruppierung vor (vgl. BAG 12.12.1995, 1 ABR 31/95, AP Nr. 6 zu § 99 BetrVG 1972).

Bewertungsschritte
1. Feststellen der erforderlichen fachlichen Qualifikationen (Abschlüsse, praktische Erfahrungen) 2. Bildung von Arbeitsvorgängen gemäß § 12 TVöD-VKA 3. Prüfung und Zuordnung jedes Arbeitsvorgangs unter die Tätigkeitsmerkmale der Anlage 1 – Entgeltordnung (VKA) 4. ggf. zusammenfassende Betrachtung 5. ggf. erneute Einzelbewertung der Arbeitsvorgänge?

Zu 1: Feststellen der erforderlichen fachlichen Qualifikationen

Diese können regelmäßig durch Vergleich der Berufsbilder mit den in der Stellenbeschreibung beschriebenen Tätigkeiten, Fachkenntnissen und Befugnissen ermittelt werden.

Praxis-Tipp:
Informationen über alle Berufsbilder und ggf. weiterführende Informationen sind bei der offiziellen Informationsplattform der Bundesagentur für Arbeit, abrufbar unter: www.berufenet.arbeitsagentur.de

Zu 2: Bildung von Arbeitsvorgängen gemäß § 12 TVöD-VKA

Zur Bildung von Arbeitsvorgängen siehe Kapitel 2.5.

Zu 3: Prüfung und Zuordnung jedes Arbeitsvorgangs unter die Tätigkeitsmerkmale der Anlage 1 – Entgeltordnung (VKA)

Bei der praktischen Umsetzung gilt es, diesen tariflichen Grundsatz zu beachten:

Protokollerklärung zu § 12 Abs. 2 TVöD-VKA

[2]Jeder einzelne Arbeitsvorgang ist als solcher zu bewerten **und darf dabei hinsichtlich der Anforderungen zeitlich nicht aufgespalten werden.**

(Hervorhebung durch die Verfasser)

Danach ist zunächst zu prüfen, unter welchen Teil, Abschnitt/Ziffer der Anlage 1 – Entgeltordnung (VKA) die einzelnen Arbeitsvorgänge fallen.

Anschließend ist jeder Arbeitsvorgang innerhalb des jeweiligen Teils, Abschnitt/Ziffer daraufhin zu prüfen, welche konkreten Tätigkeitsmerkmale erfüllt sind und warum. Das geschieht unter Anwendung der in den o. g. Kapiteln ausführlich dargestellten Rechtsprechung und Literatur.

Im Rahmen dieser Prüfung stellen die Bewerter nicht selten fest, dass innerhalb einer Arbeitseinheit/eines Arbeitsvorgangs (zu den Begriffen siehe Kapitel 2.5) nicht jede Einzeltätigkeit bzw. nicht jeder einzelne Arbeitsschritt die tariflichen Anforderungen einer bestimmten Entgeltgruppe erfüllt.

Beispiel 1:

Wohngeldsachbearbeitung

Aufbauend auf der Ermittlung von Zeitanteilen fertigte der Arbeitgeber folgende Stellenbeschreibung aus und trennte dabei die Bearbeitung einfacher und **schwieriger** Sachverhalte:

1. Beratung und Erteilung von Auskünften zur Antragstellung und Durchführung von Überschlagsberechnungen eines Anspruchs auf Mietzuschuss und Lastenzuschuss

   Zeitanteil: 27 Prozent

2. Erstanträge

2.1 Bearbeitung und abschließende Entscheidung der Erstanträge auf Mietzuschuss und Lastenzuschuss unter Anwendung der gesetzlichen Regelungen

- Antragserfordernis und Antragsberechtigung
- Antragsüberprüfung
- Einkommensermittlung (Einkommensberechnung unter besonderer Beachtung des § 29 WoGG sowie Ermittlung von Freibeträgen und pauschalen Abzügen)
- Belastungsberechnung (Ermittlung der wohngeldfähigen Miete, eigengenutzter Wohnfläche/Mehrfamilienhäuser, Ermittlung der anrechenbaren Fremdmittel/Lastenzuschuss Belastungsberechnungen)
- Erteilen von Wohngeldbescheiden
- Aktenablage

Zeitanteil: 13 Prozent

2.2 Bearbeitung und abschließende Entscheidung der Erstanträge auf Mietzuschuss und Lastenzuschuss mit **schwierigen** Sachverhalten unter Anwendung der gesetzlichen Regelungen

- Antragserfordernis und Antragsberechtigung
- Antragsüberprüfung
- Einkommensermittlung (Einkommensberechnung unter besonderer Beachtung des § 29 WoGG sowie Ermittlung von Freibeträgen und pauschalen Abzügen)
- Einkommensermittlung mit zeitaufwendigen Plausibilitätsprüfungen und unter Anwendung des gesetzlichen Ermessens
- Ermittlung des Einkommens Selbständiger
- Belastungsberechnung (Ermittlung der wohngeldfähigen Miete, eigengenutzter Wohnfläche/Mehrfamilienhäuser, Ermittlung der anrechenbaren Fremdmittel/Lastenzuschuss Belastungsberechnungen)
- Erteilen von Wohngeldbescheiden
- Aktenablage

Zeitanteil: 6 Prozent

3. Folgeanträge

3.1 Bearbeitung und abschließende Entscheidung der Erstanträge (es müsste Folgeanträge heißen; Anmerkung der Verfasser) auf Mietzuschuss und Lastenzuschuss unter Anwendung der gesetzlichen Regelungen

- Antragserfordernis und Antragsberechtigung
- Antragsüberprüfung
- Einkommensermittlung (Einkommensberechnung unter besonderer Beachtung des § 29 WoGG sowie Ermittlung von Freibeträgen und pauschalen Abzügen)
- Einkommensermittlung mit zeitaufwendigen Plausibilitätsprüfungen und unter Anwendung des gesetzlichen Ermessens
- Erteilen von Wohngeldbescheiden bzw. Aufhebung von Wohngeldbescheiden
- Aktenablage

Zeitanteil: 30 Prozent

3.2 Bearbeitung und abschließende Entscheidung der Erstanträge (es müsste Folgeanträge heißen; Anmerkung der Verfasser) auf Mietzuschuss und Lastenzuschuss mit **schwierigen** Sachverhalten unter Anwendung der gesetzlichen Regelungen

- Antragserfordernis und Antragsberechtigung
- Antragsüberprüfung
- Einkommensermittlung (Einkommensberechnung unter besonderer Beachtung des § 29 WoGG sowie Ermittlung von Freibeträgen und pauschalen Abzügen)
- Einkommensermittlung mit zeitaufwendigen Plausibilitätsprüfungen und unter Anwendung des gesetzlichen Ermessens
- Ermittlung des Einkommens Selbständiger
- Belastungsberechnung (Ermittlung der wohngeldfähigen Miete, eigengenutzter Wohnfläche/Mehrfamilienhäuser, Ermittlung der anrechenbaren Fremdmittel/Lastenzuschuss Belastungsberechnungen)

- Erteilen von Wohngeldbescheiden bzw. Aufhebung von Wohngeldbescheiden
- Aktenablage

Zeitanteil: 16 Prozent

4. Rückforderungen zu Unrecht erbrachter Leistungen oder Überzahlungen
   - Vorbereitung Stundungsvereinbarungen
   - Ratenzahlungsvereinbarungen
   - Überwachung der Zahlungseingänge und eventuell Mahnverfahren
   - Einleitung von Insolvenzverfahren

   Zeitanteil: 3 Prozent
5. Widerspruchsbearbeitung (Überprüfung des Widerspruchsanliegens und Zuarbeiten für den Sachgebietsleiter, Vorbereitung und Einladung zur Anhörung; Erläuterung der Entscheidung und des Verwaltungsrechtswegs)

   Zeitanteil: 2 Prozent
6. Sonstiges: Abklärungen und Rücksprachen mit Arbeitsagenturen

   Zeitanteil: 3 Prozent

(BAG 23.09.2009, 4 AZR 308/08, AP Nr. 40 zu §§ 22, 23 BAT-O; *Hervorhebungen durch die Verfasser)*

Bildung von Arbeitsvorgängen

§

BAG vom 23.09.2009

21 bb) Das LAG hat die von dem Bekl. vorgenommene Differenzierung der Bearbeitung und abschließenden Bescheidung von Wohngeldanträgen durch die Klägerin nach einfachen und schwierigen Sachverhalten rechtsfehlerfrei abgelehnt.

22 (1) Das LAG hat die einzelnen Arbeitsschritte der Wohngeldsachbearbeitung durch die Klägerin festgestellt. Hinsichtlich der Prüfung der Antragsberechtigung ist es davon ausgegangen, dass dabei regelmäßig Tatsachenermittlungen anfallen, Bewertungen anzustellen sind und ergänzende Schlussfolgerungen gezogen werden. Bei der Ermittlung des Einkommens müssen danach etwaige zusätzliche Erkundungen eingeholt und notwendige Folgeentscheidungen getroffen werden. Bei der Bemessung des Bewil-

ligungszeitraums werden Abwägungen und Einzelfallbetrachtungen notwendig. Aus der Vielzahl der Bearbeitungsvarianten hat das LAG gefolgert, dass keine tatsächliche Möglichkeit besteht, die Sachverhalte trennscharf in „einfache" und „schwierige" aufzuteilen, und hat eine Unterscheidungsmöglichkeit allenfalls anhand einer Skala von je unterschiedlich schwierigen Fallgruppen und hierzu zu bildenden Untergruppen angenommen. Dabei ergibt sich eine Einordnung der jeweils zu behandelnden Sache nach den Feststellungen des LAG erst im Lauf der Prüfungstätigkeit und kann nicht bereits vor Beginn der Antragsbearbeitung abschließend festgelegt werden. Daraus ergebe sich die Zusammenfassung der Antragsbearbeitung, gleich welchen Schwierigkeitsgrades, zu einem Arbeitsvorgang.

23 (2) Diese Erwägungen sind rechtsfehlerfrei.

(...)

Das Arbeitsergebnis der Tätigkeit der Klägerin ist die Erstellung von Wohngeldbescheiden, nicht die Erstellung von Wohngeldbescheiden in schwierigen oder in einfachen Fällen

(...)

Die Bestimmung der Arbeitsvorgänge der Klägerin durch das LAG ist im Ergebnis nicht zu beanstanden. Dabei kann zu Gunsten des Bekl. unterstellt werden, dass die Bearbeitung von Erst- und Folgeanträgen jeweils einen eigenen Arbeitsvorgang bilden. Die vom LAG vorgenommene Zusammenfassung jeweils aller Erstanträge und aller Folgeanträge, gleich welchen Schwierigkeitsgrades, ist rechtsfehlerfrei.

(...)

Ob die im Weiteren vom LAG vorgenommene Bestimmung zweier tariflich voneinander unterscheidbarer Arbeitsvorgänge in der Bearbeitung von einerseits Erst- und andererseits Folgeanträgen auf Bewilligung von Wohngeld tatsächlich zutreffend ist oder ob nicht auch diese beiden Tätigkeitsschritte als einheitlicher Arbeitsvorgang zu bestimmen sind, muss nicht entschieden werden. Denn auch wenn zu Gunsten des Beklagten mit dem LAG davon ausgegangen wird, dass die Bearbeitung von Erst- und Folgeanträgen zwei verschiedene Arbeitsvorgänge sind, erfüllen sie die Voraussetzungen der Vergütungsgruppe Vc Fallgruppe 1 b der Anlage 1 a zu § 22 BAT-O (VKA).

(BAG 23.09.2009, 4 AZR 308/08, AP Nr. 40 zu §§ 22, 23 BAT-O)

10

Tarifliche Bewertung von Wohngeldsachbearbeitung

Gründliche und vielseitige Fachkenntnisse liegen vor:

§

BAG vom 23.09.2009

Die Klägerin hat bei der Bearbeitung von Erst- und Folgeanträgen auf Wohngeld alle einschlägigen Vorschriften des Wohngeldrechts, mehrere Bücher des Sozialgesetzbuchs, Teile des BGB sowie des Einkommensteuer-

und des Ordnungswidrigkeitenrechts und des Kindergeldrechts zu berücksichtigen. Die Verwendung von Antragsformularen schließt die Notwendigkeit, ganz besondere Rechtskenntnisse anzuwenden ebenso wenig aus, wie die Verwendung eines EDV-Programms zur Überwachung von Fristen und Zahlungen sowie der Erstellung von Bescheiden (BAG 2. 12. 1992 – BAG Aktenzeichen 4AZR14092 4 AZR 140/92 – ZTR 1993, ZTR Jahr 1993 Seite 204). Das gleiche gilt hinsichtlich zusätzlicher Verwaltungsvorschriften. Hiervon geht auch der Bekl. aus.

(BAG 23.09.2009, 4 AZR 308/08, AP Nr. 40 zu §§ 22, 23 BAT-O)

Selbständige Leistungen liegen vor:

§

BAG vom 23.09.2009

Soweit die Wohngeldantragsbearbeitung sich mit schwierigen Sachverhalten auseinanderzusetzen hat, sieht auch die Bekl. das Merkmal der „selbständigen Leistungen" als erfüllt an.

33 (a) Nach dem unstreitigen Parteivorbringen hat die Kl. Nachforschungen im Zuge der Einkommensermittlung anzustellen, wenn Einkunftsangaben im deutlichen Missverhältnis zum eigentlichen Lebensbedarf stehen oder sonst wie unplausibel erscheinen. Dies eröffnet Handlungsspielräume sowohl im „ob" als auch im „wie" der anzustellenden Sachverhaltsermittlungen und ist folglich selbständige Tätigkeit. Das gleiche gilt für Recherchen oder Einschätzungen, die bei der Bewertung von Ausschlussgründen nach § 18 WoGG a. F. für Wohn- und Wirtschaftsgemeinschaften oder bei der Berücksichtigung vorübergehend abwesender Personen vorzunehmen sind. Ebenfalls als selbständige Leistungen erscheinen gänzliche Einkommensschätzungen, wenn keine hinreichenden Anhaltspunkte zum wirklichen Einkommen vorliegen. Darüber hinaus ergeben sich unstreitig bei der Behandlung von Mischeinkünften, beim Ehegattenunterhalt und bei Selbständigeneinkommen problembehaftete und nur mit besonderem geistigem Aufwand zu bewältigende Vorgänge. Hinzu kommt schließlich, dass auch die Entscheidung über einen vom gesetzlichen Regelfall des § 27 WoGG a. F. abweichenden Bewilligungszeitraum eine Ausübung pflichtgemäßen Ermessens erfordert, die als selbständige Leistung zu verstehen ist. Auch die zwischenzeitlich erfolgte Novellierung des Wohngeldgesetzes nebst Rechtsverordnungen und Verwaltungsvorschriften hat an diesen notwendigen Sachbearbeitertätigkeiten nichts geändert.

(BAG 23.09.2009, 4 AZR 308/08, AP Nr. 40 zu §§ 22, 23 BAT-O)

Folge für die Bewertung/Anerkennung selbständiger Leistungen

§

BAG vom 23.09.2009

Zur Erfüllung der tariflichen Anforderung genügt es allerdings, wenn selbständige Leistungen innerhalb des Arbeitsvorgangs in rechtlich erheblichem Ausmaß vorliegen. Nicht erforderlich ist, dass die selbständigen Leistungen innerhalb eines Arbeitsvorgangs in dem von § 22 Abs. 2 Unterabs. 2 und 4 BAT/BAT-O bestimmten Maß anfallen.

(...)

34 (b) Die Annahme des LAG, dass diese selbständigen Leistungsinhalte einen rechtserheblichen Umfang ausmachen, begegnet keinen Bedenken. Ausgehend von der Stellenbeschreibung des Bekl. entfallen auf die Bearbeitung von Erstanträgen 19 Prozent und auf die Bearbeitung von Folgeanträgen 46 Prozent der Arbeitszeit der Kl. In diesen beiden Komplexen sind – wiederum nach der Stellenbeschreibung des Bekl. – jeweils etwa zu einem Drittel schwierige Sachverhalte gegeben, die selbständige Leistungen der Kl. erfordern. Diese Anteile in den jeweiligen Arbeitsvorgängen reichen aus, um dem gesamten jeweiligen Arbeitsvorgang seine tarifliche Wertigkeit zu geben. Der Senat hat dies schon für deutlich geringere Zeitanteile entschieden. (...)

(BAG 23.09.2009, 4 AZR 308/08, AP Nr. 40 zu §§ 22, 23 BAT-O)

Für den vorliegenden Fall ist das rechtserhebliche Ausmaß also gegeben.

Tabellarische Darstellung des Bewertungsergebnisses			
Arbeitsvorgänge		**erfüllte Anforderungen je Arbeitsvorgang**	
Arbeitsvorgang	**Zeitanteil**	**gründliche und vielseitige Fachkenntnisse**	**selbständige Leistungen**
Erstanträge	19 %	19 %	19 %
Folgeanträge	46 %	46 %	46 %
gesamt	**65 %**	**65 %**	**65 %**

Insgesamt liegen zu 65 Prozent gründliche und vielseitige Fachkenntnisse vor und zu 65 Prozent selbständige Leistungen. Damit werden im Vergleich zu den Allgemeinen Tätigkeitsmerkmalen der neuen Entgeltordnung die Anforderungen an die Entgeltgruppe 9a Teil A Abschnitt I. Ziffer 3. Anlage 1 TVöD-VKA erfüllt.

10

Zu 4: ggf. zusammenfassende Betrachtung

Die Stellenbewertung kann sich schwierig gestalten, wenn auf der Stelle verschiedene Arbeitsvorgänge mit unterschiedlichen tariflichen Anforderungen und Wertigkeiten anfallen. Man spricht dann von sogenannten Mischtätigkeiten. In diesen Fällen fordert § 12

Abs. 2 Satz 3 TVöD-VKA eine zusammenfassende Betrachtung (zu den Einzelheiten siehe auch Kapitel 2.7).

Tabellarische Darstellung der Bewertungsergebnisse der Einzelarbeitsvorgänge				
Arbeitsvorgänge		**erfüllte Anforderungen je Arbeitsvorgang**		
Nummer	**Zeitanteil**	**gründliche Fachkenntnisse**	**vielseitige Fachkenntnisse**	**selbständige Leistungen**
1.	15 %	15 %	0 %	15 %
2.	20 %	20 %	0 %	20 %
3.	30 %	30 %	0 %	0 %
4.	35 %	0 %	0 %	0 %
gesamt	**100 %**	**65 %**	**0 %**	**35 %**

Bei zusammenfassender Betrachtung der Arbeitsvorgänge 1. bis 3. können sich durch den in allen drei Arbeitsvorgängen insgesamt gesteigerten Umfang vielseitige Fachkenntnisse ergeben, so dass in diesem Beispiel zu 65 Prozent der Gesamtarbeitszeit die Anforderungen an gründliche und vielseitige Fachkenntnisse erfüllt werden.

Zu 5: ggf. Einzelbewertung der Arbeitsvorgänge

Für das Beispiel 2 stellt sich nun die Frage, ob die selbständigen Leistungen der Arbeitsvorgänge 1. und 2. ebenfalls noch einmal in einem 5. und letzten Bewertungsschritt mitberücksichtigt werden müssen. Dieses Vorgehen **bejahte** die Rechtsprechung **bisher** regelmäßig.

(vgl. z. B. BAG 25.11.1981, 4 AZR 305/79, AP Nr. 51 zu §§ 22, 23 BAT 1975; BAG 28.04.1982, 4 AZR 707/79, AP Nr. 62 zu §§ 22, 23 BAT 1975; BAG 18.07.1990, 4 AZR 25/90, AP Nr. 151 zu §§ 22, 23 BAT 1975; LAG Hamm 17.01.2001, 18 Sa 1411/00; LAG Hamm 06.02.2002, 18 Sa 1139/01, beide zit. nach www.personalpraxis24.de).

An dieser Möglichkeit hält das BAG nicht mehr fest (BAG 22.02.2017, 4 AZR 514/16). Selbständige Leistungen können danach nur im Rahmen von Arbeitsvorgängen anfallen, die für sich genommen gründliche und vielseitige Fachkenntnisse erfordern. Das selbständige Erarbeiten eines Ergebnisses baut auf den dazu erforderlichen gründlichen und vielseitigen Fachkenntnissen auf, das heißt es muss diesen vorausgesetzten Fachkenntnissen entsprechen. Damit schließt sich das BAG der Auslegung der Literatur und der Arbeitgebervertreter an (Uttlinger/Breier/Kiefer/Hoffmann/Dassau, BAT Stand: 1/2017 § 22 Erl. 6 unter Verweis auf die Stellungnahme des Arbeitgeberkreises der BAT-Kommission). Eine Auseinandersetzung mit der früheren – anderen Auffassung der Senatsrechtsprechung (siehe oben) – lässt sich der Urteilsbegründung nicht entnehmen (vgl. BAG 22.02.2017, 4 AZR 514/16, ZTR 2017, S. 352 ff.; im Volltext ebenfalls abrufbar unter: www.bundesarbeitsgericht.de/entscheidungen).

5. Die Eingruppierung des Beschäftigten

Eingruppierung ist die Zuordnung eines Beschäftigten aufgrund der von ihm vertragsgemäß auszuübenden Tätigkeit zu einer bestimmten Entgeltgruppe der in der Dienststelle/im Betrieb geltenden Entgeltordnung (vgl. ständige Rechtsprechung des BAG, z. B. BAG 23.11.1993, 1 ABR 34/93, AP Nr. 111 zu § 99 BetrVG 1972 m. w. N.). Dabei wird überprüft, ob der Stelleninhaber die in der Stellenbeschreibung genannten Qualifikationen vorweisen kann. Ist das nicht der Fall, wird die Eigenschaft des sonstigen Beschäftigten geprüft (siehe Kapitel 7.4). Erfüllt der Arbeitnehmer die Anforderungen, ist er in die Entgelt- und ggf. Fallgruppe eingruppiert, die im Rahmen der Stellenbewertung festgestellt wurde. Mit dieser Regelung verfolgen die Tarifvertragsparteien das Ziel, berufliches Erfahrungswissen und formale (Aus-)Bildungsabschlüsse gleichzustellen.

Praxis-Tipp:
Erfüllt er die Anforderungen an den Sonstigen nicht, wird der Mitarbeiter eine Entgeltgruppe niedriger eingruppiert (siehe Vorbemerkung Nr. 2 Satz 1 Entgeltordnung – VKA).

Die Überleitung in die neue Entgeltordnung

Überblick

Die vorhandenen Beschäftigten werden zum 01.01.2017 in das neue Eingruppierungssystem gemäß den Regelungen der § 29 ff. TVÜ-VKA grundsätzlich wie folgt übergeleitet:

1. Die Überleitung erfolgt unter Beibehaltung der bisherigen Entgeltgruppe.
2. Die vorläufige Zuordnung zu den Entgeltgruppen des TVöD nach Anlage 1 oder 3 TVÜ-VKA in der bis zum 31.12.2016 geltenden Fassung gilt als Eingruppierung ...
3. ... für die Dauer der unverändert auszuübenden Tätigkeit.
4. Eine Überprüfung und Neufeststellung der Eingruppierungen finden aufgrund der Überleitung in das neue Eingruppierungssystem nicht statt.

Damit hat sich zunächst die Hoffnung erfüllt, dass es keiner Eingruppierungsprüfung bedarf. Diese ist erst erforderlich, wenn sich die auszuübende Tätigkeit ändert (§ 29a Abs. 1 TVÜ-VKA).

Für die Praxis stellt sich damit die Frage, wie die Dienststelle Änderungen der auszuübenden Tätigkeit nachvollziehen soll, wenn schon nicht der Stand zum 31.12.2016 dokumentiert und damit im Hinblick auf Veränderungen nachprüfbar ist.

Wichtig: Denn dabei ist jede Änderung von Relevanz, da § 29a Abs. 1 TVÜ-VKA ausdrücklich von der unverändert auszuübenden Tätigkeit spricht und nicht von einer eingruppierungsrelevanten Änderung auszuübender Tätigkeit!

„Unverändert" bedeutet ohne jede Änderung (Duden, S. 1866), wobei „jede" alle Einzelheiten einer Gesamtheit ohne Ausnahme bezeichnet (Duden, S. 947; zur Auslegungssystematik generell: siehe Kapitel 3.1).

Von diesem Grundsatz bestehen Ausnahmen. Gemäß § 29c TVÜ-VKA behalten nicht alle Beschäftigten ihre bisherige (vorläufige) Eingruppierung bei. Für folgende Fälle mussten die kommunalen Arbeitgeber zum 01.01.2017 eine Überleitung in die neue Entgeltstruktur vornehmen.

Fall 1: Überleitung der Beschäftigten mit einer Zulage nach § 17 Abs. 8 TVÜ-VKA (§ 29c Abs. 1 TVÜ-VKA)

Das sind Mitarbeiter, die von Vergütungsgruppe II BAT-VKA in Entgeltgruppe 13 TVöD-VKA übergeleitet wurden mit Zulage in Höhe der Entgeltdifferenz von Entgeltgruppe 13 zu Entgeltgruppe 14 wegen Aufstieg nach fünf bzw. sechs Jahren in Vergütungsgruppe Ib BAT-VKA. Die Überleitung für diese Beschäftigten in die neue Entgeltordnung erfolgte nach Entgeltgruppe 14. Die Einstufung erfolgte stufengleich und unter Beibehaltung der bisher in ihrer Stufe zurückgelegten Stufenlaufzeit.

Zudem gibt es seit dem 01.01.2017 keine Entgeltgruppe 9 mehr. Stattdessen gibt es nun die Entgeltgruppen 9a, 9b und 9c. Daher waren auch für Beschäftigte, die zum 31.12.2016 in Entgeltgruppe 9 eingruppiert waren, entsprechende Überleitungsregelungen notwendig. Diese Beschäftigten werden wie folgt übergeleitet:

Fall 2.1: Überleitung der Beschäftigten der Entgeltgruppe 9 ohne besondere Stufenlaufzeiten (§ 29c Abs. 2 TVÜ-VKA)

Das sind Mitarbeiter, die in Entgeltgruppe 9 alle sechs Stufen ohne abweichende Regelungen gemäß § 16 Abs. 1 und 3 TVöD-VKA i. V. m. Anlage 1 bzw. 3 TVÜ-VKA in der bis zum 31.12.2016 gültigen Fassung durchlaufen (haben).

In Bezug auf die vorgestellten Allgemeinen Tätigkeitsmerkmale betrifft dies zum Beispiel das Tätigkeitsmerkmal „besonders verantwortungsvolle Tätigkeit" zu 50 Prozent der Vergütungsgruppe IVb Fallgruppe 1a BAT-VKA. Die Überleitung erfolgte in Entgeltgruppe 9b. Die Einstufung erfolgte stufengleich und unter Beibehaltung der bisher in ihrer Stufe zurückgelegten Stufenlaufzeit.

Fall 2.2: Überleitung der Beschäftigten der Entgeltgruppe 9, bei denen Stufe 5 Endstufe ist (§ 29c Abs. 3 TVÜ-VKA)

Ob besondere Stufenregelungen bestanden, ergab sich aus dem Anhang zu § 16 TVöD-VKA i. V. m. Anlage 1 bzw. 3 TVÜ-VKA in der bis zum 31.12.2016 gültigen Fassung. Danach bestanden für einen Beschäftigten, für den Stufe 5 die Endstufe war, noch die Besonderheit, dass die Stufenlaufzeit in Stufe 4 nicht vier Jahre, sondern neun Jahre betrug. Stufe 5 als Endstufe war in Bezug auf die vorgestellten Allgemeinen Tätigkeitsmerkmale beispielsweise vorgesehen für die Tätigkeitsmerkmale „gründliche, umfassende Fachkenntnisse und selbständige Leistungen" zu 50 Prozent der Vergütungsgruppe Vb Fallgruppe 1a BAT-VKA.

Die Überleitung dieser Beschäftigten erfolgte in Entgeltgruppe 9a unter Beibehaltung der in ihrer Stufe bereits zurückgelegten Stufenlaufzeit.

In welche Stufe innerhalb der Entgeltgruppe 9a der Beschäftigte einzustufen ist, richtete sich nach folgenden Regelungen:

- in die Stufe der Entgeltgruppe 9a, deren Betrag dem Betrag ihrer bisherigen Stufe in Entgeltgruppe 9 entspricht
- für Beschäftigte, die am 31.12.2016 in Entgeltgruppe 9 Stufe 2 sind: In Stufe 2 der Entgeltgruppe 9a mit dem Tabellenwert der Stufe 2 der Entgeltgruppe 9 mit dem Stand 31.12.2016
- für Beschäftigte, die am 31.12.2016 in Entgeltgruppe 9 Stufe 4 sind und zum 01.01.2017 mindestens die Stufenlaufzeit zum Erreichen der Stufe 5 (4 Jahre) erfüllen:
    1. Zuordnung zu Stufe 5 und
    2. Anrechnung der über die vier Jahre hinaus bereits zurückgelegten Zeiten auf die Stufenlaufzeit der Stufe 5

Fall 2.3: Überleitung der Beschäftigten der Entgeltgruppe, bei denen die Stufe 4 Endstufe ist (§ 29c Abs. 4 TVÜ-VKA)

Gemäß § 16 TVöD-VKA i. V. m. Anlage 1 bzw. 3 TVÜ-VKA in der bis zum 31.12.2016 gültigen Fassung handelt es sich dabei um Arbeiter, die in Lohngruppe 9 eingruppiert/eingereiht waren. Ihre Überleitung erfolgte in Entgeltgruppe 9a. Die Einstufung erfolgte stufengleich und unter Beibehaltung der in ihrer Stufe bisher zurückgelegten Stufenlaufzeit.

Wichtig: Allen Fällen ist gemeinsam, dass es sich bei der Überleitung gemäß § 29c TVÜ-VKA um eine entgeltbezogene Einordnung – nicht um eine Eingruppierung im Sinne des § 12 TVöD-VKA – handelt.

Dementsprechend stellen auch die Tarifvertragsparteien klar:

§ 29c Abs. 6 Satz 3 TVÜ-VKA

Eine Überleitung in die Entgeltgruppen 9a, 9b oder 14 nach den Absätzen 1 bis 4 gilt nicht als Höhergruppierung.

Höhergruppierungen aufgrund der neuen Entgeltordnung erfolgen vielmehr nur auf Antrag des Beschäftigten (§ 29b TVÜ-VKA): Der Antrag ist bis zum 31.12.2017 zu stellen (Ausschlussfrist!). Die Höhergruppierung erfolgt – egal wann der Antrag innerhalb der Ausschlussfrist gestellt wird – zum Stand 01.01.2017. Bei ruhendem Arbeitsverhältnis beginnt die Ausschlussfrist von einem Jahr mit Wiederaufnahme der Tätigkeit. Aber auch hier erfolgt die Höhergruppierung zum Rechtsstand 01.01.2017.

Stellt der Mitarbeiter einen solchen Antrag, obliegen dem Arbeitgeber gemäß § 29b TVÜ-VKA folgende Prüfpflichten:

1. **Feststellung, ob die (seit 01.01.2017 unverändert) auszuübende Tätigkeit die Anforderungen einer höheren Entgeltgruppe erfüllt.**

Das erfolgt anhand von § 12 TVöD-VKA i. V. m. den Tätigkeitsmerkmalen der neuen Entgeltordnung (§ 29b Abs. 1 TVÜ-VKA).

2. Feststellung der Stufenordnung

- Fallen am 01.01.2017 Stufenaufstieg und Höhergruppierung nach § 29b Abs. 1 TVÜ-VKA zusammen (= Höhergruppierung auf Antrag des Beschäftigten), erfolgt erst der Stufenaufstieg und anschließend die Höhergruppierung (§ 29c Abs. 5 TVÜ-VKA).
- Bei Beschäftigten, die zum 01.01.2017 der Stufe 1 zugeordnet sind, erfolgt die Zuordnung zu Stufe 1 der höheren Entgeltgruppe unter Anrechnung der bisher in Stufe 1 verbrachten Stufenlaufzeit.
- Bei allen anderen Beschäftigten erfolgt die Stufenzuordnung gemäß § 17 Abs. 4 TVöD-VKA in der bis zum 28.02.2017 gültigen Fassung, das heißt durch betragsmäßige Einstufung (§ 29b Abs. 2 TVÜ-VKA). Es erfolgt keine stufengleiche Höhergruppierung, diese gilt erst für Höhergruppierung ab dem 01.03.2017. Da der Antrag zum Rechtsstand 01.01.2017 geprüft und ggf. vollzogen wird, greift diese günstigere Einstufungsregelung hier nicht!

Wichtig: Ob diese Regelung mit Art. 3 Abs. 1 GG (Gleichheitsgrundsatz) vereinbar ist, da damit Berufserfahrung vorhandener und neuer Mitarbeiter ggf. unterschiedlich bezahlt wird, zweifelt das LAG Niedersachsen an (Urteil vom 19.09.2016, 12 Sa 353/16, ZTR 2017, S. 93 f.).

Da der Höhergruppierungsantrag mit Rechtsstand 01.01.2017 geprüft und ggf. umgesetzt wird, bleiben Änderungen der Stufenzuordnungen, die sich im Verlauf der Ausschlussfrist ergeben, unberücksichtigt (§ 29b Abs. 1 Satz 2 TVÜ-VKA).

Beispiel:

Der Mitarbeiter erreicht zum 01.04.2017 die Stufenlaufzeit zur Höherstufung von Stufe 3 in Stufe 4. Der Antrag auf Höhergruppierung wird aber mit der zum 01.01.2017 erreichten Stufe 3 geprüft und umgesetzt.

3. Prüfen der Anrechnung bzw. des Wegfalls von folgenden Zulagen und/oder Zuschlägen

Bei Höhergruppierungen gemäß den o. g. Regeln wird der Unterschiedsbetrag zum bisherigen Entgelt auf den **Strukturausgleich** angerechnet (siehe § 12 TVÜ-VKA). Das gilt auch für Höhergruppierungen in die Entgeltgruppe 9c (§ 29c Abs. 6 TVÜ-VKA).

Bei Beschäftigten, die eine **Besitzstandzulage nach § 9 TVÜ-VKA** (alte Vergütungsgruppenzulage) erhalten, entfällt diese zum 01.01.2017 rückwirkend.

Wichtig: Diese wird aber bei der betragsmäßigen Einstufung gemäß § 17 Abs. 4 TVöD-VKA dem Tabellenentgelt hinzugerechnet und erst dann der Unterschiedsbetrag ermittelt.

Im Fall einer Höhergruppierung über mehr als eine Entgeltgruppe wird die Besitzstandszulage nach § 9 TVÜ-VKA nur in der Ausgangsentgeltgruppe dem Tabellenentgelt hinzugerechnet (§ 29b Abs. 3 TVÜ-VKA).

Bei Beschäftigten, die eine **Besitzstandzulage für die entfallene Techniker-, Meister- bzw. Programmierzulage** erhalten, entfällt diese zum 01.01.2017 rückwirkend. Die betragsmäßige Einstufung erfolgt in diesen Fällen wie folgt (§ 29b Abs. 4 und Protokollerklärung zu Abs. 4 und 5 TVÜ-VKA):

Ergibt sich nach der betragsmäßigen Einstufung gemäß § 17 Abs. 4 TVöD-VKA (in der bis zum 28.02.2017 geltenden Fassung) eine Einstufung in eine niedrigere Stufe als bisher, wird die schon zurückgelegte Stufenlaufzeit auf die Stufenlaufzeit der neuen Stufe angerechnet. Ist damit zum Zeitpunkt der Höhergruppierung (01.01.2017) die Stufenlaufzeit zum Erreichen der nächsthöheren Stufe schon erreicht, beginnt die Stufenlaufzeit in der nächsthöheren Stufe neu. Im Fall einer Höhergruppierung über mehr als eine Entgeltgruppe erfolgt die Mitnahme der Stufenlaufzeit nur bei der ersten dazwischenliegenden Entgeltgruppe nach § 17 Abs. 4 Satz 3 1. Halbsatz TVöD-VKA.

Beispiel:

Meisterzulage

Der Meister erhält bisher Entgelt aus Entgeltgruppe 6 und eine Zulage in Höhe von 38,35 Euro gemäß § 4a Buchst. a) des TV über Zulagen an Angestellte i. V. m. § 17 Abs. 6 TVÜ-VKA.

Zum 01.01.2017 ist er bereits vier Jahre und acht Monate in Stufe 5 eingestuft. Die Prüfung des Höhergruppierungsantrags ergab eine Eingruppierung in Entgeltgruppe 8 (Meister und entsprechende Tätigkeit).

Die betragsmäßige Stufenzuordnung unter Beachtung der obigen Anrechnungsregelungen sieht dann wie folgt aus:

Das Tabellenentgelt in Entgeltgruppe 6 Stufe 5 beträgt 2.841,25 Euro. Da der Meister zwei Entgeltgruppe höher eingruppiert ist, ist zunächst § 17 Abs. 4 Satz 3 TVöD-VKA zu beachten: „Wird der Beschäftigte nicht in die nächsthöhere, sondern in eine darüber liegende Entgeltgruppe höhergruppiert, ist das Tabellenentgelt für jede dazwischenliegende Entgeltgruppe gemäß § 17 Abs. 4 Satz 1 TVöD-VKA zu berechnen."

Die Ermittlung des Unterschiedsbetrags zwischen Entgeltgruppe 6 und Entgeltgruppe 7 ergibt: Das Tabellenentgelt der Entgeltgruppe 6 Stufe 5 liegt mit 2.841,25 Euro zwischen Stufe 3 (2.732,33 Euro) und Stufe 4 (2.853,36 Euro) der Entgeltgruppe 7. Gemäß § 17 Abs. 4 Satz 1 TVöD-VKA ist der Mitarbeiter also der Stufe 4 der Entgeltgruppe 7 (2.853,36 Euro) zuzuordnen.

Statt in Stufe 5 ist der Mitarbeiter nun zunächst der Stufe 4 zugeordnet. Die Stufenlaufzeit in Stufe 4 beträgt vier Jahre (§ 16 Abs. 3 TVöD-VKA). Da der Mitarbeiter zum 01.01.2017 bereits vier Jahre und acht Monate in Stufe 5 eingestuft war, wird er statt in Stufe 4 (nach betragsmäßiger Einstufung) in Stufe 5 eingestuft (gemäß obiger Einstufungsregel). Die über die erforderlichen vier Jahre hinausgehende Stufenlaufzeit von acht Monaten geht verloren (gemäß obiger Einstufungsregel).

Die nun erforderliche Ermittlung des Unterschiedsbetrags zwischen Entgeltgruppe 7 und Entgeltgruppe 8 ergibt: Das Tabellenentgelt der Entgeltgruppe 7 Stufe 5 liegt mit 2.944,10 Euro zwischen Stufe 3 (2.865,46 Euro) und Stufe 4 (2.974,36 Euro) der Entgeltgruppe 8. Gemäß § 17 Abs. 4 Satz 1 TVöD-VKA ist der Mitarbeiter also der Stufe 4 der Entgeltgruppe 8 (2.974,36 Euro) zuzuordnen. Der Unterschiedsbetrag vom alten (2.841,25 Euro) zum neuen (2.974,36 Euro) Tabellenentgelt beträgt 133,11 Euro, so dass kein Garantiebetrag gemäß § 17 Abs. 4 Satz 2 TVöD-VKA (in der bis zum 28.02.2017 geltenden Fassung) zu zahlen ist. Die Stufenlaufzeit in Stufe 4 der Entgeltgruppe 8 beginnt zum 01.01.2017 neu zu laufen.

Bei **Beschäftigten**, die eine **Besitzstandzulage nach § 9 TVÜ-VKA** (alte Vergütungsgruppenzulage) und eine Besitzstandzulage für die entfallene **Techniker-, Meister- bzw. Programmierzulage** erhalten, entfallen beide Besitzstände zum 01.01.2017 rückwirkend.

Die betragsmäßige Einstufung erfolgt in diesen Fällen wie folgt (§ 29b Abs. 5 und Protokollerklärung zu Abs. 4 und 5 TVÜ-VKA):

Beide Besitzstände werden bei der betragsmäßigen Einstufung gemäß § 17 Abs. 4 TVöD-VKA (in der bis zum 28.02.2017 gültigen Fassung) dem Tabellenentgelt hinzugerechnet und erst dann der Unterschiedsbetrag ermittelt. Ergibt sich danach eine Einstufung in eine niedrigere Stufe als bisher, wird die schon zurückgelegte Stufenlaufzeit auf die Stufenlaufzeit der neuen Stufe angerechnet. Ist damit zum Zeitpunkt der Höhergruppierung (01.01.2017) die Stufenlaufzeit zum Erreichen der nächsten Stufe bereits erreicht, beginnt die Stufenlaufzeit in der nächsthöheren Stufe neu. Im Fall einer Höhergruppierung über mehr als eine Entgeltgruppe werden beide Besitzstandzulagen nur in der Ausgangsentgeltgruppe dem Tabellenentgelt hinzugerechnet. Bei einer Höhergruppierung über mehr als eine Entgeltgruppe erfolgt die Mitnahme der Stufenlaufzeit nur bei der ersten dazwischen liegenden Entgeltgruppe nach § 17 Abs. 4 Satz 3 1. Halbsatz TVöD-VKA.

Die Mitbestimmung

12

1. Personal- und Betriebsrat

Eingruppierung im Sinne des Tarifrechts umfasst die Zuordnung des Beschäftigten anhand seiner Tätigkeiten unter die Tätigkeitsmerkmale der Entgeltordnung (§ 12 TVöD-VKA). Im Rahmen der Mitbestimmung wird der Begriff der Eingruppierung weiter gefasst. Eingruppierung bedeutet hier die Einsortierung des Beschäftigten in ein kollektives Entgeltschema (zum BPersVG: BVerwG 22.10.2007, 6 P 1.07; zum BetrVG: BAG 14.04.2015, 1 ABR 66/13, AP Nr. 143 zu § 99 BetrVG 1972).

Dementsprechend geht das BAG regelmäßig davon aus, dass eine Überprüfung der Eingruppierung erforderlich wird, wenn sich entweder die Tätigkeit oder die Tätigkeitsmerkmale nicht nur redaktionell ändern. In diesem Fall liegt eine Umgruppierung vor (vgl. BAG 27.07.1993, AP Nr. 110 zu § 99 BetrVG 1972 mit Hinweis auf BAG 03.10.1989, AP Nr. 75 zu § 99 BetrVG 1972; BAG 18.06.1991, AP Nr. 105 zu § 99 BetrVG 1972).

So stellt(e) sich die Frage, ob die Überleitung im Sinne des Tarifrechts (siehe § 29 ff. TVÜ-VKA) eben einen solchen Fall der Umgruppierung darstellt. In der Praxis wurden die Personal- und Betriebsräte bei der Überleitung vom BAT/-O auf den TVöD bzw. TV-L mehrheitlich nicht beteiligt.

Wichtig: Es ist umstritten, ob die Überleitung der Mitbestimmung des Personal- bzw. Betriebsrats unterlegen hat. Für das Personalvertretungsrecht hat das VG Mainz ein Mitbestimmungsrecht abgelehnt (vgl. VG Mainz 05.04.2006, 5 K 592/05 MZ, rkr., NZA-RR 2006, S. 502 ff.). Das BAG sieht die Rechtslage für das Betriebsverfassungsgesetz aber anders. In dessen Beschluss heißt es:

§

BAG vom 22.04.2009

Bei der Überleitung von Beschäftigten zu den Entgeltgruppen und den Stufen der Entgelttabelle des Tarifvertrags für den öffentlichen Dienst (TVöD) nach den Regelungen des Tarifvertrags zur Überleitung der Beschäftigten der kommunalen Arbeitgeber in den TVöD und zur Regelung des Übergangsrechts (TVÜ-VKA) ist der Betriebsrat nach § 99 BetrVG zu beteiligen.

(BAG 22.04.2009, 4 ABR 14/08, AP Nr. 38 zu § 99 BetrVG 1972, ZTR 2009, S. 663–667)

Das Gericht geht zutreffend davon aus, dass die Überleitung in ein neues Entgeltsystem eine Umgruppierung darstellt:

Eine Umgruppierung wird erforderlich, wenn der Arbeitgeber der Anwendung des Tarifvertrags unterworfen wird, er also in Bezug auf den einzelnen Mitarbeiter die für die Ermittlung der Überleitung maßgebenden Tatsachen und ihre Subsumtion anhand der Überleitungsregeln durchzuführen hat (vgl. BAG 22.04.2009, 4 ABR 14/08, Rdnr. 53, AP Nr. 38 zu § 99 BetrVG 1972, ZTR 2009, S. 663–667).

Wichtig: Im Vergleich zur Überleitung der Beschäftigten in die neue Entgeltordnung gemäß § 29 ff. TVÜ-VKA wird dieser Akt der Rechtsanwendung für die Zuordnung der Beschäftigten zu den Entgeltgruppen 9a, 9b und 14 (Fälle gemäß § 17 Abs. 8 TVÜ-VKA) erforderlich und löst damit die Mitbestimmung des Betriebs- und Personalrats unter dem Aspekt der Eingruppierung (Unterform: Umgruppierung) aus.

Die anderslautende Entscheidung des VG Mainz vom 05.04.2006 (5 K 592/05 MZ, rkr., NZA 2006, S. 502 ff.) zur Überleitung vom BAT-VKA in den TVöD-VKA kann aufgrund der BAG-Entscheidung vom 22.04.2009 (4 ABR 14/08) nicht mehr als anwendbar angesehen werden, da der Mitbestimmungstatbestand im Betriebs- und Personalvertretungsrecht keinen unterschiedlichen Regelungsinhalt aufweist. Zudem ist die Mitbestimmung nicht davon abhängig, ob die Überleitung dem Arbeitgeber einen Beurteilungsspielraum lässt oder nicht (siehe BAG 22.04.2009, 4 ABR 14/08, Rn. 57, AP Nr. 38 zu § 99 BetrVG 1972, ZTR 2009, S. 663–667).

2. Der Weg zur korrekten Eingruppierung: Die Stellenbeschreibung

Stellenbeschreibungen unterliegen grundsätzlich nicht der Mitbestimmung des Personal-/Betriebsrats (vgl. Richter/Gamisch/Mohr, StB, S. 206 ff.). Neuerdings räumt das BAG (20.04.2010, 1 ABR 85/08, AP Nr. 4 zu § 99 BetrVG 1972, NZA 2010, S. 1307) dem Betriebsrat aus § 82 Abs. 2 Satz 1 BetrVG ein Beteiligungsrecht bei Stelleninterviews ein. Ob dieses Recht auch Personalräten zusteht, ist fraglich (vgl. Richter/Gamisch/Mohr, StI, S. 90 f.).

Hinsichtlich der Ein-, Um-, Höher- und Herabgruppierung ist der Umfang der Beteiligungsrechte – unabhängig vom anzuwendenden Mitbestimmungssystem – grundsätzlich gleich. Im Detail bestehen

12 aber Unterschiede (zum BetrVG siehe Fitting, § 99 Rn. 104 ff.; einführend zum Personalvertretungsrecht siehe Richardi/Dörner/Weber).

Beteiligungstatbestände				
System	**Eingruppierung**	**Umgruppierung (Höher-/Herabgruppierung)**	**Übertragung höher/niedriger zu bewertender Tätigkeiten**	**Stelleninterview**
BetrVG	Mitbestimmung § 99 Abs. 1	Mitbestimmung § 99 Abs. 1	Mitbestimmung § 99 Abs. 1	Teilnahme § 82 Abs. 2
LPVG NRW	Mitbestimmung § 72 Abs. 1 Nr. 4	Mitbestimmung § 72 Abs. 1 Nr. 4	Mitbestimmung § 72 Abs. 1 Nr. 4	ggf. Teilnahme § 65 Abs. 3 Satz 3
NPersVG	Mitbestimmung § 65 Abs. 2 Nr. 2	Mitbestimmung § 65 Abs. 2 Nr. 2	Mitbestimmung § 65 Abs. 2 Nr. 3	–
LPVG BW	Mitbestimmung § 75 Abs. 1 Nr. 3	Mitbestimmung § 75 Abs. 1 Nr. 3	Mitbestimmung § 75 Abs. 1 Nr. 7a: wenn länger als zwei Monate	–
BayPersVG	Mitbestimmung Art. 75 Abs. 1 Nr. 3a	Mitbestimmung Art. 75 Abs. 4, 5	Mitbestimmung Art. 75 Abs. 4, 5	–
SächsPersVG	Mitbestimmung § 80 Abs. 1 Nr. 1	Mitbestimmung § 80 Abs. 1 Nr. 2	Mitbestimmung § 80 Abs. 1 Nr. 2	–

3. Eingruppierung

Wie bereits vorgestellt, wird unter dem Mitbestimmungstatbestand „Eingruppierung" die Einordnung des einzelnen Arbeitnehmers in ein kollektives Entgeltschema verstanden (zum BPersVG: BVerwG 22.10.2007, 6 P 1.07; zum BetrVG: BAG 14.04.2015, 1 ABR 66/13, AP Nr. 143 zu § 99 BetrVG 1972). Zum Teil wird in diesem Zusammenhang auf die „erstmalige" Zuordnung der vertraglich vereinbarten Arbeitsleistung zu einem kollektiven Entgeltsystem abgestellt. Es wurde aber klargestellt, dass eine mitbestimmungspflichtige Eingruppierung auch vorliegt, wenn sich die Arbeitsaufgaben im Verlauf des Arbeitsverhältnisses wesentlich ändern, so dass eine Überprüfung und ggf. neue Eingruppierung erforderlich wird (vgl. BVerwG 14.06.1995, 6 P 43.93, PersR 1995, S. 428; BVerwG 08.11.2011, 6 P 23.10, Der Personalrat 2013, S. 25 f.). Der Begriff der Eingruppierung umfasst zunächst die Entgeltgruppe und auch die Bestimmung der Fallgruppe (vgl. BAG 27.07.1993, AP Nr. 110 zu § 99 BetrVG 1972; BVerwG 08.11.2011, 6 P 24.10).

Praxis-Tipp:

Im Mitbestimmungsverfahren hat der Betriebs-/Personalrat ein Mitbeurteilungsrecht, ob der Arbeitgeber den „Akt der Rechtsanwendung" richtig vollzieht und die Tarifautomatik richtig anwendet (vgl. Richter/Gamisch/Mohr, Grundlagen, S. 98 ff.).

Für die entsprechende Unterrichtung des Personal- bzw. Betriebsrats reicht eine Stellenbeschreibung allein nicht aus. Erforderlich ist darüber hinaus die Darstellung der auf die einzelnen Arbeitsvorgänge bezogenen Bewertungsüberlegungen gemäß § 22 BAT bzw. § 12 TVöD-VKA (vgl. zum BAT: Hess. VGH 06.11.2012, 22 A 2203/11. PV, Der Personalrat 2013, S. 330 ff.).

Aus der Sicht des Mitbestimmungsrechts ist zudem die Stufe innerhalb der Entgeltgruppe mitbestimmungspflichtig, soweit die Festlegung der Tarifautomatik und damit der reinen Rechtsanwendung unterliegt (zu den Einzelheiten siehe BVerwG 13.10.2009, 6 P 15.08; BVerwG 22.09.2011, 6 PB 15.11., ZTR 2012, S. 618; BAG 06.04.2011, AP Nr. 135 zu § 99 BetrVG 1972; BAG 05.06.2014, 6 AZR 1008/12).

4. Umgruppierung

12 Der Mitbestimmung unterliegt die Umgruppierung (zum Begriff der Umgruppierung siehe Kapitel 2.9). So hat der Arbeitgeber den Betriebsrat vor jeder Umgruppierung zu unterrichten und unter Vorlage der erforderlichen Unterlagen Auskunft über die Auswirkungen der geplanten Maßnahme zu geben sowie dessen Zustimmung zu der geplanten Maßnahme einzuholen (§ 99 Abs. 1 Satz 1 BetrVG). Der Arbeitgeber muss den Betriebsrat so unterrichten, dass dieser auf Grund der mitgeteilten Tatsachen in die Lage versetzt wird zu prüfen, ob einer der in § 99 Abs. 2 BetrVG genannten Zustimmungsverweigerungsgründe vorliegt. Zu einer vollständigen Unterrichtung gehören daher die Angabe der bisherigen und der vorgesehenen Vergütungsgruppe sowie die Erläuterung der Gründe, weshalb der Arbeitnehmer anders als bisher eingruppiert ist (vgl. BAG 19.04.2012, 7 ABR 52/10, AP Nr. 60 zu § 99 BetrVG 1972). Vergleichbares gilt auch für das Personalvertretungsrecht (siehe z. B. BVerwG 21.03.2005, 6 PB 8. 04, AP Nr. 1 zu § 68 LPVG Mecklenburg-Vorpommern).

5. Aufgabenänderungen ohne Auswirkungen auf die bisherige Eingruppierung

Fraglich ist, ob der Mitbestimmungstatbestand der Eingruppierung auch greift, wenn sich trotz geänderter Aufgaben und damit anderer prägender Tätigkeiten weder Entgelt- noch Fallgruppe ändert. Auch für diesen Fall hat das Bundesverwaltungsgericht die Mitbestimmung bejaht (BVerwG 08.11.2011, 6 P 23.10, Der Personalrat 2013, S. 25 f.).

Wird also einem Mitarbeiter ein geänderter Arbeitsplatz übertragen, sind unter Eingruppierungsgesichtspunkten drei Varianten möglich:

1. Höhergruppierung
2. Herabgruppierung
3. Bestätigung der bisherigen Eingruppierung

Wichtig: Nach der obigen Rechtsprechung des Bundesverwaltungsgerichts unterliegen alle drei Varianten der Mitbestimmung.

6. Vorübergehende Übertragung höherwertiger Tätigkeiten

Der Mitbestimmung unterliegt auch die vorübergehende Übertragung höherwertiger Tätigkeiten gemäß § 14 TVöD-VKA. Sie stellt eine Versetzung im Sinne der §§ 99, 95 Abs. 3 BetrVG (ebenso Dassau/Wiesend-Rothbrust, § 14 Rn. 7) oder die Übertragung einer höher zu bewertenden Tätigkeit (vgl. z. B. § 75 Abs. 1 Nr. 2 BPersVG) dar (vgl. Richter/Gamisch/Mohr, gEG, IV.E.3.1.4).

Wichtig: Einzelne Länder sehen das Mitbestimmungsrecht nur vor, wenn eine bestimmte Zeitdauer überschritten wird (z. B. mehr als drei Monate gemäß § 65 Abs. 2 Nr. 3 NPersVG oder mehr als sechs Monate gemäß Art. 75 Abs. 4 BayPersVG).

7. Stellenbewertungskommission

In diesem Zusammenhang hat sich die Arbeit mit paritätisch besetzten Stellenbewertungskommissionen bewährt. Darunter versteht man ein betriebliches Gremium, in dem Funktionsträger des Arbeitgebers (Personal-, Organisations-, Fachabteilung) und Mitglieder des Personal-/Betriebsrats vertreten sind (vgl. Gamisch, NEO, S. 120 ff.). Unseres Erachtens überwiegen die Vorteile, sofern die denkbaren Nachteile beachtet werden (einführend Richter/Gamisch/Mohr, StB, S. 212 ff.; vertiefend Richter/Gamisch/Mohr, gEG, IV.C.4, S. 1 ff.; Gamisch, NEO, S. 120 ff.).

8. Schulungsanspruch

Grundvoraussetzung ist, dass alle Mitglieder der Bewertungskommission vergleichbare Kenntnisse des Eingruppierungsrechts haben.

Praxis-Tipp:

Ein „asymmetrischer Wissensstand" der Beteiligten macht eine konstruktive Zusammenarbeit unmöglich.

In diesem Zusammenhang ist darauf hinzuweisen, dass die Arbeitnehmervertretung einen Schulungsanspruch hinsichtlich des Eingruppierungsrechts hat. Das gilt für Seminare zur Stellenbeschreibung entsprechend. Bei derartigen Schulungs- und Bildungsveranstaltungen handelt es sich aber um sogenannte Spezialschu-

12 lungen (vgl. § 37 Abs. 6 BetrVG; § 46 Abs. 6 BPersVG). Deshalb hat nicht jedes, sondern nur das im Gremium für diese Aufgabe zuständige Mitglied einen Anspruch.

Zulässige Schulungsthemen sind:

- Eingruppierungsrecht des BAT

  (VGH BW 19.05.1987, 15 S 1773/86, PersR 1988, S. 84 [Leitsatz])

- Nachweisgesetz (1/2 Tag)

  (ArbG Frankfurt/Main 29.04.1998, 9 BV 233/97, Arbeitsrecht im Betrieb 1998, S. 703)

- Personalplanung und Arbeitsorganisation

  (OVG Rheinland-Pfalz 09.04.1991, 4 A 11917/90, PersR 1992, S. 156; Nds. OVG 18.03.1992, 17 L 10/90, PersV 1994, S. 25)

Schon im eigenen Interesse sollte der Arbeitgeber nicht an der Schulung der Arbeitnehmervertretung sparen.

Dazu gehört, sich nicht auf „Low Budget-Schulungen" zu versteifen. Ein Lernen nach dem sogenannten Nürnberger Trichter wird keinen Erfolg haben. Lernen kann nicht in kürzester Zeit „erzeugt" werden. In der modernen Erwachsenenbildung bzw. Personalentwicklung spricht man in diesem Zusammenhang von der „Erzeugungsdidaktik", die keinen nachhaltigen Erfolg haben wird. Nach einer „Beamershow" im Schnell-Vortrag („200 Bilder in zwei Stunden": Aussage eines Seminarteilnehmers zu einer Veranstaltung zur Umstellung vom BAT auf den TVöD) wird der Beschäftigte – als zuständiger Sachbearbeiter in der Personalabteilung oder als Mitglied einer Stellenbewertungskommission – sicher nicht in der Lage sein, erfolgreich das neue Eingruppierungsrecht zu beherrschen. Den Gegenpol zur sogenannten Erzeugungsdidaktik bildet die „Ermöglichungsdidaktik" (vgl. Gamisch, NEO, S. 103 ff.; Richter/Gamisch/Mohr, gEG, IV.E.3.1.6).

Literaturverzeichnis

Altvater, L./Baden, E./Berg, P.: Bundespersonalvertretungsgesetz, Frankfurt/Main 2016

Arnold, R.: Das Santiago-Prinzip – Systemische Führung im lernenden Unternehmen, Baltmannsweiler 2009

Bauer, J./Bockholt, M.: Eingruppierung im öffentlichen Dienst, Köln 2010

Donath, S.: Die Entgeltordnung der Vereinigung der kommunalen Arbeitgeberverbände (VKA) zum TVöD-Teil 1, ZTR 2016, S. 551–558

Duden: Deutsches Universalwörterbuch, hrsg. von der Dudenredaktion, Berlin 2015

Eichhorn, P./Friedrich, P./Jann, W. (Hrsg.): Verwaltungslexikon, Baden-Baden 2003

Effertz, J.: TVöD Jahrbuch Bund 2017, Regensburg 2016

Effertz, J.: TVöD Jahrbuch Kommunen 2017, Regensburg 2016

Effertz, J.: TV-L Jahrbuch Länder 2017, Regensburg 2017

Fey, D.: Analytische Bewertung geistiger Arbeit nach dem Vergütungsrecht des Bundesangestelltentarifvertrages und den kirchlichen Anstellungsordnungen vergleichbaren Inhalts, ZMV 1997, S. 226

Fieg, W./Rothländer, C.: Das ver.di-Modell einer Entgeltordnung zum TVöD und zum TV-L, ZTR 2008, S. 410–420

Fischer, U./Reihsner, R.: Personalplanung, Frankfurt/Main 2002

Fitting, K.: Betriebsverfassungsgesetz, München 2016

Gamisch, A.: Die neue Entgeltordnung erfolgreich vorbereiten, Köln 2017 (zit. als NEO)

Geyer, M.: Entgeltordnung Lehrkräfte – Tarifvertragliche Regelung der Eingruppierung der Lehrkräfte an allgemeinbildenden und berufsbildenden Schulen der Länder, ZTR 2015, S. 483–490

Gröner, H./Fuchs-Brüninghoff, E.: Lexikon der Berufsausbildung, München 2004

Grunow, D.: Personalbeurteilung, Stuttgart 1976

Herkert, J./Töltl, H.: Berufsbildungsgesetz – Kommentar mit Nebenbestimmungen, Regenburg, Stand: November 2015

Herzberg, B./Schlusen, R.: Tarifvertrag Versorgungsbetriebe, Praxishandbuch zur Einführung und Anwendung des TV-V, Köln, Stand: Juni 2016

Hofmann, H.-G./Reidelbach, D.: Das Tarifrecht im öffentlichen Dienst – Eingruppierung von A–Z, TVöD – TV-L, Köln, Stand: November 2016

Jahn, H.: Gestufte Studiengänge an deutschen Hochschulen, in: Welbers, U. (Hrsg.): Studienreform mit Bachelor und Master, Bielefeld 2003, S. 128–142

Mentzel, W.: Personalentwicklung, München 2012

Reich, A.: Hochschulrahmengesetz, Bad Honnef 2012

Repkewitz, U./Richter, A.: Personalrecht A–Z, Köln, Stand: November 2016

Richardi, R./Dörner, H.-J./Weber, C.: Personalvertretungsrecht, München 2012

Richter, A./Gamisch, A.: Am Anfang steht der Arbeitsvorgang – Systematisierung und aktuelle Rechtsprechung, RiA 2008, S. 145–154

Richter, A./Gamisch, A.: Die Stellenbeschreibung als personalwirtschaftliches Führungsinstrument, DÖD 2012, S. 1–7

Richter, A./Gamisch, A.: Das Stelleninterview als Instrument der Eingruppierung, RiA 2007, S. 145–151

Richter, A./Gamisch, A.: Der Eingruppierungsrechtsstreit im öffentlichen und kirchlichen Dienst, Regensburg 2013 (zit. als EG-RStreit)

Richter, A./Gamisch, A.: Der gescheiterte Weg zum Insourcing? – Die neue Entgeltgruppe 1 im öffentlichen Dienst, AuA 2009, S. 360–363

Richter, A./Gamisch, A.: Die Alternative zum Stelleninterview – Das Training und Coaching der Führungskräfte, RiA 2010, S. 97–103

Richter, A./Gamisch, A.: Die neuen Hochschulabschlüsse Bachelor und Master im Eingruppierungsrecht des öffentlichen Dienstes, RiA 2009, S. 97–103

Richter, A./Gamisch, A.: Die Stellenbeschreibung und das Weisungsrecht, DÖD 2013, S. 1–6

Richter, A./Gamisch, A.: Die Stellenbewertungskommission als Instrument der Eingruppierung, RiA 2007, S. 241–246

Richter, A./Gamisch, A.: Eine für alle(s)? – Gemeinsamkeiten und Unterschiede der Arbeitsplatz-, Stellen- und Dienstpostenbeschreibung, DÖD 2014, S. 129–134

Richter, A./Gamisch, A.: Eingruppierung AVR.Diakonie in der Praxis, Regensburg 2014 (zit. als EG AVR)

Richter, A./Gamisch, A.: Leistungsorientierung über beschleunigte und verzögerte Stufenaufstiege gemäß § 17 Abs. 2 TVöD/TV-L?, RiA 2008, S. 49–55

Richter, A./Gamisch, A.: Training und Coaching der Führungskräfte oder Stelleninterview – Königsweg zur Stellenbeschreibung, AuA 2011, S. 42–45

Richter, A./Gamisch, A.: Was ist neu im alten System? Die neue Entgeltordnung des TV-L, AuA 2012, S. 109–112

Richter, A./Gamisch, A.: Was kosten Stellenbeschreibungen im öffentlichen Dienst wirklich? – Richtig sparen, AuA 2010, S. 110–113

Richter, A./Gamisch, A.: Zeitanteile im Tarifrecht – ihre Ermittlung und Relevanz für die Eingruppierung, RiA 2008, S. 241–248

Richter, A./Gamisch, A./Lenders, D.: Das Recht der Personalauswahl im öffentlichen und kirchlichen Dienst, Regensburg 2014

Richter, A./Gamisch, A./Mohr, T.: Das gesamte Eingruppierungsrecht für den öffentlichen Dienst, Regensburg, Stand: Februar 2016 (zit. als gEG)

Richter, A./Gamisch, A./Mohr, T.: Das Stelleninterview zur Eingruppierung, Regensburg 2016 (zit. als StI)

Richter, A./Gamisch, A./Mohr, T.: Eingruppierung Tarifvertrag Versorgung, Regensburg 2015 (zit. als EG TV-V)

Richter, A./Gamisch, A./Mohr, T.: Eingruppierung TV-L in der Praxis – Handbuch, Regensburg 2016 (zit. als EG TV-L)

Richter, A./Gamisch, A./Mohr, T.: Grundlagen der Eingruppierung TV-L und TVöD, Regensburg 2017 (zit. als Grundlagen)

Richter, A./Gamisch, A./Mohr, T.: Stellenbeschreibung für den öffentlichen und kirchlichen Dienst, Regensburg 2017 (zit. als StB)

Richter, A./Gamisch, A./Mohr, T.: Tarifvertrag Sozial- und Erziehungsdienst, Regensburg 2016 (zit. als TV SuE)

Richter, A./Gamisch, A./Thombansen, G.: TV-L Kompaktkommentar, Regensburg 2015

Schwarz-Hahn, S./Rehburg, M.: Bachelor und Master in Deutschland, Empirische Befunde zur Studienstrukturreform, Kassel 2003

13 *Siepmann, H.:* Stellenbewertung für Kommunalbeamte, Köln 2010

Steinbuch, P.: Organisation, Ludwigshafen 2001

Steinherr, F.: Auszuübende Tätigkeit, Eingruppierung und Direktionsrecht – eine Bestandsaufnahme anhand der Rechtsprechung des BAG, ZTR 2005, S. 303–310

von Roetteken, T./Rothländer, C. (Hrsg.): HBR Hessisches Bedienstetenrecht, Teilausgabe I Personalvertretungsrecht, Heidelberg 1993

Waldeyer, H.: Die laufbahnrechtliche Einordnung der Studienabschlüsse der Universitäten und allgemeinen Fachhochschulen, ZBR 2003, S. 17–28

Stichwortverzeichnis